LE SALON

DIX ANS DE PEINTURE

CALMANN-LÉVY, ÉDITEURS

DU MÊME AUTEUR :

FORMAT GRAND IN-18

GUSTAVE HALLER

LE SALON

DIX ANS DE PEINTURE

TOME SECOND

PARIS
CALMANN-LÉVY ÉDITEURS
3, RUE AUBER, 3

1902

GUSTAVE HALLER

LE SALON

DIX ANS DE PEINTURE

TOME SECOND

PARIS
CALMANN-LÉVY ÉDITEURS
3, RUE AUBER, 3
1902

SALON DE 1897

SALON DE 1897

L'Antre des inquiétudes qui troublent sans cesse la sécurité de la France a bouché pour un moment son entrée menaçante.

La Chambre des députés est fermée, le Salon est ouvert.

Entrons donc au Palais de l'Industrie puisque le vent de la destruction ne l'a pas entièrement saccagé. Une aile est restée debout et l'Exposition s'ouvre plus belle que jamais. L'espace qu'on lui a pris à droite, on le lui rend à gauche. Elle ne perd rien et jamais n'étala plus de splendeurs.

La grande solennité artistique arrive en pleines vacances de Pâques. Le 1er mai tombe le 19 avril. Et, pour être de la fête, le printemps lui-même a pressé le pas. Il arrive exactement à l'heure. Après le déluge d'anxiété qui fondit sur les pauvres artistes désolés, il ramène la paix, et semble dire : « Espérez, Dieu protège l'Art. »

Tout travail s'interrompt, que tout chagrin s'interrompe aussi. Douleur, adieu ! l'heure est à la joie.

Les cloches sonnent à toute volée, c'est la Pâque de l'Art.

Étrange effet que celui produit par ce jour de vernissage ! Des milliers de travaux, d'émotions accumulées, chargent l'atmosphère d'une ivresse surnaturelle qui nous gagne. On est pris d'une sorte d'excitation tout enivrante. Il semble qu'on respire l'haleine brûlante de muses invisibles, arrivant au but tout essoufflées...

Il émane de ces œuvres, imprégnées de souvenirs historiques ou fabuleux, de rêve, d'amour, quelque chose qui rend un peu meilleur. On voudrait que tout le monde fût heureux, et l'on se prend à considérer les artistes comme des bienfaiteurs de l'humanité.

On accourt de tous les points du globe ? Hâtons nous, la foule est plus grande que la porte, et la porte du Palais s'ouvre pour la dernière fois.

ALLÉGORIES

Rubens, peintre au tempérament fulminant, avait parfois, dans les poussées géniales de ses compositions, des élans magnifiques. Il ne lui plaisait pas d'en réprimer les excès. Il lui fallait avant tout des ensembles enthousiasmants et de grandes ivresses de couleurs. Le cœur et l'esprit des artistes ne peuvent rester froids devant lui. Il les prend, il en fait ce qu'il veut.

M. Bouguereau, le Rubens de notre temps, n'a pas, ne veut pas avoir de ces nobles fureurs. Son dieu, c'est la seule vérité. Dans cette source pure, il cherche et trouve toutes les beautés qu'il offre à nos yeux ravis. Aucune des exagérations romantiques ou fabuleuses, nécessaires autrefois pour exalter les esprits, n'est de mise aujourd'hui où tout ce qui pense est altéré de vrai.

Quand M. Bouguereau touche à la Religion, il est humain, parce qu'il veut faire de la religion l'immense et universelle pitié. Quand il touche à l'Amour, il est mythologique parce qu'il veut en faire le rêve de la vie.

Une jeune fille retire de son cœur une flèche. L'amour, qui vient de la lui lancer, s'envole triomphant, pendant qu'un autre amour regarde la blessée avec une compassion sournoise. Il regrette évidemment de n'avoir pas fait le crime lui-même. Ce consolateur sera le favori de demain.

La scène, tout idyllique, est peinte avec une délicatesse de sentiment, une poésie exquise habillée de réalité. Ces chairs fermes et transparentes, ombrées de rose, éclosion de jeunesse, ce sein palpitant, ces mains effilées aux ongles nacrés, ces amours au derme satiné, aux modelés fermes et légers, tout cela existe. Il y a des êtres aussi beaux; seulement il n'y a qu'un peintre pour en montrer les perfections.

De par le monde, il existe des femmes plus belles que les belles, plus rousses que les rousses, plus blondes que les blondes, d'une carnation plus blanche que les blanches. On les rencontre une fois, on les entrevoit par hasard, et elles restent dans le souvenir comme des illusions qu'on croyait irréalisables. C'est en cet ordre d'idéal qu'il appartient de placer l'œuvre de M. Gabriel FERRIER, *Harmonie,* un bouquet de femmes musiquant, chantant sous un éclat de soleil qui s'est glissé, furtif, à travers les arbres roussis par l'au-

tomne et s'oublie sur les belles chairs. Une des femmes, voilée d'une épaisse chevelure blond doré, nous regarde avec ses beaux grands yeux. Elle joue de la mandoline, écartant d'un mouvement gracieux son vêtement de loutre doublé de rose. Un nœud vert, très bien chiffonné, anime sa coiffure. De l'autre côté de la table, une beauté, aux cheveux d'un roux vénitien surprenant où se perd un coquet béguin, chante les yeux fixés sur un cahier de musique qu'elle tient. Sa robe de velours vert est ornée d'un nœud rose. De sa manche demi courte s'échappe un flot de tulle étonnant de transparence. Tout à côté d'elle, au second plan, une ravissante brune au visage malin se penche pour suivre attentivement la mélodie. Son épaisse chevelure noire, traversée par une large barrette de satin écarlate, flotte légère avec des reflets bleus. Derrière ces deux chanteuses, se tient debout, inclinée vers elles, une jeune fille dont les cheveux blond très clair, couleur d'ambre, s'emmêlent dans une couronne de lauriers d'or. Opulente richesse, trésors de charmes féminins, sont là partout répandus. Qu'on vienne, après cela, nous parler des laideurs de l'humanité ! Si ses hideurs morales sont révoltantes, la section féminine, comme la comprend M. Gabriel Ferrier, en dédommage amplement. Il émane de cette œuvre d'un peintre de grand talent, homme heureux, une joie contagieuse qui détend et fait du bien.

Ces beautés aux épaules neigeuses, aux aspects de roses blanches ouvertes le matin, surnaturelles à force de grâce, de gaîté, exercent un attrait magique auquel nul ne peut résister. La gent masculine, le sourire aux lèvres, le cœur chaud, accourt voir ces sirènes, vêtues de velours ou de satin, et se perd dans la contemplation de cet enivrant spectacle.

C'est au milieu de paysages d'un vert tendre, sous la transparence des jeunes feuilles, que M. COLLIN a peint *Biblis*. Sur ses belles formes de grande fille, on voit l'air frémir et glisser avec des reflets argentés. Baignée dans le grand jour, elle n'est modelée que par les caresses délicates de la lumière. Cependant, elle vit. N'en déplaise au sexe fort, la merveille de la création c'est bien la femme, dernière fleur sortie des mains du Créateur.

M. H. MARTIN est un poète philosophe, nous l'avons dit et le répétons. Il est peintre parce que sans doute le hasard, qui pousse l'humanité comme le vent fait des feuilles tombées, l'a poussé du côté peinture où il déploie ses facultés de littérateur. Ses tableaux sont des livres.

Il expose cette année *Vers l'abîme* et *le Silence*.

L'Abîme, pour l'homme, c'est la femme, quand la femme est vicieuse et que l'homme a pour elle des affinités d'une puissance irrésistible. Celle de M. Henri Martin, d'une beauté hideuse, l'œil faux, le sourire satanique et prometteur, un éventail de plumes de paon d'une main, un chardon de l'autre, des pavots rouges aux flancs, et voilant d'un crêpe ses nudités fatiguées, se précipite vers le désert, la mer, le gouffre béant. Derrière elle, les fous qu'elle aspire se ruent pêle-mêle. Sur les pieds, sur le ventre, ils courent, rampent, les bras tendus en avant, jusqu'à ce qu'ils tombent morts. Leur foule s'étend à perte de vue sous une longue nuée de corbeaux qu'attirent les cadavres semés sur la route. Dans cette course effrénée, les vieillards horribles, pantelants, décharnés, sont les plus ardents.

La femme pure surgit, vêtue de vert tendre, couleur d'espérance. Elle entoure de ses bras son fiancé ; mais il ne sent plus sa douce caresse. Le visage crispé, l'œil en feu, il lui échappe pour suivre « l'autre ». La meute humaine, poussée par la fatalité, entraînée par la soif du mal, a bien l'air de courir vers l'abîme dans une flamme d'enfer. Tout cela est parfaitement dessiné dans les couleurs fantastiques du sujet.

Le Silence, de dimension plus petite, est une femme pâle, à la figure longue, demi-cachée par

son voile noir. Elle est couronnée d'épines. Allégorie mystérieuse et triste.

Sur le grand tableau de M. Surand, *Poésie,* un
poète est assis à l'ombre d'un arbre. Sa canne, son
chapeau et son livre sont posés près de lui. Il
rêve de quatre femmes nues. Une est dans l'air,
une autre couchée la tête roulée dans sa chevelure roussâtre, deux autres sont assises. La plus
jolie, parée de fleurs, envoie un baiser au rêveur.
Le paysage et les figures sont vagues pour laisser
l'effet au personnage principal.

M. Gervais a mis en scène *la Folie de Titania.*
Inspiré par le « Songe d'une nuit d'été », il a
voulu rester dans le songe. Ses femmes, bien des-
sinées, ont des couleurs... de fées. Mais si Bottom
demande du foin, de grosses maritornes seraient
mieux son fait. L'œuvre est attrayante et d'ailleurs
très originale.

Il fait bien froid chez M. Jean Aubert! Le ciel
est grisâtre et deux pauvres amours sont là grelot-
tants, *Perdus dans la neige.* Mais ils sont ingé-
nieux, c'est leur état. L'un casse ses flèches sur
son petit genou, l'autre fait du feu et se chauffe.
C'est charmant !

M. Franc LAMY aborde les toiles de dimensions imposantes. Seize femmes, sous des peupliers, dans un parc aux nuances douces, aux perspectives éloignées, jouent, se baignent ou cueillent des fleurs. Toutes sont gracieuses : c'est *le Printemps*.

M. P. Albert LAURENS expose des *Sirènes* dans leur quartier général, entre l'île de Caprée et la côte d'Italie, gouffre qui leur sert d'antre. Est-ce une trombe qui sort des flots et refoule les monstres qu'elle accule aux rochers? On a peur. Les sirènes fabuleuses semblent attendre leur proie. L'air retentit de leurs chants et leurs formes sont inquiétantes. Il ne ferait pas bon passer par là, si l'on n'a pas mis de cire dans ses oreilles! M. A. Laurens se pique d'étrangeté, de bizarre. Ses compositions sortent toujours de l'ordinaire. Un tempérament fougueux éclate dans ses inspirations. Son tableau original, terrifiant, est très bien peint.

Le beau plafond de M. MARIOTON, *l'Art évoquant la beauté*, vous tient longtemps la tête en l'air : de la musique, des arts, des fleurs, du talent jetés à foison.

L'Or triomphant, qu'on nomme tout bas le char

des chéquards, montre un gros financier dont une multitude avide traîne le char et qu'encense au premier plan une courtisane surchargée de joyaux. Tableau d'actualité, passionnément traité par M. H. CAIN.

M. BISSON, en abordant le genre vigoureux, n'a pas abandonné sa spécialité : la grâce. Il nous montre au bord de la mer une jeune fille brune, *Amorosa*, presque une nymphe, svelte, élancée et diaphane. Sa tunique blanche, serrée à la taille par un ruban lilas, la voile sans la cacher. Un amour s'envole, emportant l'écharpe ambrée dont elle était enveloppée. Un autre amour, dans le gazon, joue avec des fleurs. La branche de myosotis que la jeune fille tient à la main dit, en allemand : « Ne m'oubliez pas ». Il n'y a pas de danger !

Entre l'Amour et l'Art. La séance est finie. Le peintre, un peu las, s'adosse sur son siège, et regarde son tableau dont nous ne voyons que l'envers. La Gloire ailée, faite de brouillard, tenant à la main un laurier d'or, passe entre l'œuvre et l'artiste en lui envoyant un baiser. C'est l'Art. Derrière le peintre, une autre femme, bien réelle, vêtue d'une longue tunique bleue, se tient droite, fière, rigide et lui appuie la main sur le cœur avec une autorité terrible. C'est l'Amour, amour sévère.

Lui, tourne la tête vers la femme, mais ses regards restent fixés sur la vision. Signé : Cresswel.

Le Baiser de Dahut, légende de la baie des Trépassés, vient de donner à M. Presseq l'occasion de se révéler sous un jour nouveau, tout à son avantage. La fille du roi d'Ys, devenue sirène et forcée d'arracher aux flots les cadavres pour les poser sur le rivage, après leur avoir donné un baiser, est bien penchée sur le malheureux qu'elle embrasse.

Mlle Térouanne, tenant d'une main la Vénus de Milo, et, de l'autre, nous montrant une tête de mort, n'est pas positivement enjouée. Elle nous dit en latin que la vie est brève et l'art durable : *Ars longa, Vita brevis.* Ce n'est pas le tableau de tout le monde. Un peu de rose aux lèvres, s. v. p., et ce sera parfait.

Rêverie, la dame en robe bleue, le coude appuyé sur un coussin de velours écarlate, révèle chez Mlle Rainouard une virilité inattendue. Aussi, avec un professeur comme M. Saintpierre, comment n'avoir pas de talent?

HISTOIRE

M. Detaille, aux nobles aspirations, aux pinceaux puissants, vient de transmettre à la postérité *les Funérailles de Pasteur*. Il a trouvé la solution de ce difficile problème : rendre en peinture les cérémonies que doit inscrire l'histoire, sans rien de monotone, ni de heurté.

Un groupe se présente de profil, à droite. Là, se trouve M. Gérôme d'abord et derrière lui tous les académiciens. Leurs habits verts jettent une note douce au premier plan. Plus loin, des uniformes de militaires diaprent la foule, qui paie son plaisir par quelques poussées, mais ne le regrette pas. Presque au centre, M. Félix Faure se découvre respectueusement. A gauche, la magistrature étale ses robes de couleur.

Dominant la foule, le drapeau français flotte au milieu de la composition. Toutes les tentures de deuil, accidentées de leurs écussons et habilement ménagées dans les arrière-plans, au lieu de l'assombrir ou de lui nuire par leur rigidité, font valoir la scène et la mettent en lumière. On voit par les portiques ouverts la multitude se presser dans le Panthéon.

La tonalité générale est juste, les personnages sont vivants, bien construits, d'une correction de dessin parfaite. Les costumes, d'une rare exactitude, étudiés un à un avec conscience, sont admirés aussi tous séparément par le public attentif. En dehors de la valeur artistique dont elle est empreinte par l'ampleur de la composition, la science qu'on remarque dans l'exécution, la toile est attrayante, noble, imposante, vraiment extra-ordinaire. Ces pompeuses funérailles, à l'aspect grandiose, resteront comme une précieuse collection de portraits et un souvenir patriotique. L'idée qui se dégage de cette œuvre importante dépasse l'impression que peut faire sur nous une peinture quelque bonne qu'elle soit. La rencontre du fils des Czars, Empereur lui-même, avec notre Président de la République, fils de ses œuvres, ce travailleur, qui, d'origine modeste, devint chef de l'État, est comme l'apposition du sceau de l'égalité de notre fin de siècle.

Le Lauraguais, destiné à la décoration de l'Hôtel de Ville de Toulouse, doit faire pendant à *la Muraille* exposée l'an dernier au Salon.

C'est dans un vaste champ de labourage que . M. J.-P. Laurens a placé l'image du travail régénérant le sol souillé par de sanglants combats. Il a fait blonde cette terre à l'immortelle jeunesse qui absorbe constamment la mort pour créer sans cesse. Sur les champs dévastés par Simon de Montfort, les blés poussent en vastes nappes. La terre fertile et bienfaisante rend bienfait pour outrage. Des attelages de bœufs aux muscles puissants, des hommes aux forces athlétiques représentent en bas le travail, pendant que d'en haut descend la lumière vivifiante. Tout est noyé dans un bain de soleil chaud, fécondant.

Porte-étendard semble emprunté par M. ROYBET à quelque musée célèbre. La gaîté, le bonheur éclatent sur cette belle figure d'un de nos artistes les plus sympathiques. C'est un épanouissement de couleurs vives et riches, un véritable modelage en pleine pâte. L'œuvre obtient les applaudissements des artistes enthousiasmés.

Napoléon à Sainte-Hélène, de M. MONCHABLON, est l'image la plus humaine qu'on ait donnée du héros. Bonaparte a le cœur serré, des larmes mouillent ses yeux.

> Il ne lui restait plus dans sa cage inféconde
> Que les traits d'un enfant et le cadre du monde,
> Tout son génie et tout son cœur.

Une longue suite de personnages viennent de la mer et s'approchent de nous en traversant une vaste prairie. Des premiers arrivants, on ne voit que le buste. A droite, un moulin ; à gauche, au fond, dans la mer, un bateau à voiles, ancien style, est à l'ancre. C'est le *Débarquement des gueux de Guillaume d'Orange*, la dernière toile que nous aurons de notre regretté PILLE dont tout l'œuvre est marqué au coin d'une originalité très typique[1].

Marceau est un beau tableau d'histoire de M. BOUTIGNY. Blessé mortellement par un chasseur tyrolien, le général est confié à l'humanité du commandant ennemi qui occupait la ville d'Altenkirchen. La touche est virile, juste, la composition d'un sentiment très élevé.

La Guerre en dentelles, composition enlevante, excellent tableau de M. GUELDRY, avec ses soldats poudrés, vêtus de bleu ciel et dont les montures sont couvertes de fleurs, Mme de Pompadour, accourue dans son carrosse et, debout sur une colline, envoyant un baiser d'adieu à tout ce régiment

---

1. Charles-Henri Pille est mort en 1897.

d'enthousiastes, ravit la foule de spectateurs qui l'entoure.

M. ORANGE nous donne *le Général Chanzy à la bataille du Mans*, émouvant tableau militaire. Les blessés eux-mêmes poussent les pièces de canons. Une sorte de furia entraîne les combattants en pleine neige.

Les Soldats français au milieu des ruines du temple de Karnak (Égypte) ont une analogie frappante avec les cariatides mutilées qui soutiennent les murs. Ceci n'est point une critique, au contraire. De tous temps, — le peintre a raison, — l'attitude des guerriers dut être la même. L'intérieur du temple a l'air de brûler, tant il s'éclaire vigoureusement. M. CLAIRIN grandit beaucoup.

Belle peinture, spirituellement conçue par M. BROUILLET : *la Réception de l'Empereur et de l'Impératrice de Russie par l'Académie française*. Malgré le soin particulier dont chaque personnage a été l'objet, l'effet principal est galamment laissé à la femme, délicatement présentée avec ses beaux cheveux blonds mêlés au tulle lilas de son chapeau sous la transparence de sa voilette mauve.

GENRE

M. Tony ROBERT-FLEURY est de ceux qui cherchent l'originalité dans les effets, mais sans sortir de la nature. Il n'établit pas un éclairage arti-
ficiel pour faire des personnages verts, jaunes ou
rouges, afin d'appréhender les passants. Il observe,
étudie; et, quand il est frappé par une combinai-
son de lignes et de couleurs qui le séduisent, il
prend ses pinceaux, et cherche à rendre sur la
toile l'impression qu'il a reçue.

Par exemple, il voit et nous montre, dans un
demi-jour, une jeune femme, une belle brune,
étendue sur un canapé rougeâtre, *Auprès du feu*.
Elle a fermé le livre qu'elle lisait, et s'étire doucement faisant osciller dans l'air les plis transparents de son léger déshabillé. Un étroit rayon de lumière perce entre les rideaux de la pièce voisine,
et vient jouer avec les reflets chauds d'un feu
qu'on ne voit pas.

Le tissu du vêtement, retenu par des nœuds de ruban, laisse voir les belles formes du corps d'un modelé extra-savant. Tout est blanc, bleuâtre, rosé, jusqu'au perroquet, qui se dirige à pas lents vers la nonchalante beauté. Il y a quelque chose de créole dans cette fine composition.

Courtisane, buste de femme ou de muse, couronnée d'églantines et drapée d'une étoffe orange vif qui laisse à découvert sa belle épaule, nous regarde et pense... Fine peinture d'une grande suavité de lignes, et qui doit à ses dessous savants l'effet délicieux qu'elle produit. Il y a toujours, dans les compositions de M. Tony Robert-Fleury, quelque chose de mystérieusement mélancolique.

M. R. Collin vient d'habiller une jeune femme d'étoffes se jouant dans les frémissements de l'air, comme le feuillage et l'herbe qui bougent toujours un peu. Elle passe doucement dans la feuillée qui envoie sur sa robe, en manière de baisers, quelques lueurs verdâtres. La toile a nom *Intimité,* — intimité entre une âme rêveuse et un bon livre, dans un berceau de feuillage.

Avec quels pinceaux M. Collin peut-il rendre ces robes de triple mousseline qu'on voit onduler sur le corps parfait de ses femmes ? C'est fin, diaphane, mais « fait ».

Une belle petite orientale de quatre ou cinq ans et un grand lévrier, *Deux bons amis*, jouent à la porte d'une habitation ornée de lauriers roses.

Veste rose de Chine, « fouta » bleue, rayée d'or, serrée aux hanches sur une robe jaune ambrée, le bébé a déjà, dans la souplesse de ses mouvements, toute la grâce féminine. Sa tête est doucement appuyée sur le dos du toutou qu'elle tient à bras le corps, ses petits doigts se perdant dans les poils blonds du bel animal, dont les oreilles pendantes indiquent la pureté de la race Kirghise. La note blonde et gaie domine dans cette toile séduisante, décorative, que son luxe appelle à quelque riche salon. Signé : SAINTPIERRE.

M. GUELDRY expose *Amateurs de rowing*, deux canotiers, rayés de blanc et de bleu, qui mettent leur embarcation à l'eau, pendant qu'un troisième tient les avirons. Oh ! que M. Gueldry s'est soigné ! C'est gai, mais serré de près. A la bonne heure !

M. DANTAN, fils du célèbre statuaire, a planté sa tente sur les hauteurs de Saint-Cloud. C'est là, dans la lumière limpide, qu'il se livre à l'étude des blancs, la plus difficile qui soit.

Depuis sa naissance, entouré de plâtres, de marbres, il fait de ces nuances fugitives le charme de ses œuvres. Atelier de sculpture, ateliers de moulage, sont traités par ses pinceaux avec une rare habileté.

Peintre et statuaire, il lui fallait de l'espace. Il lui fallait avec cela de la poésie, sans doute, car rien n'est plus charmant que son nid où vivent de beaux enfants sous la garde d'une mère aussi gracieuse que belle, où le soleil entre en liberté. D'une terrasse qui s'avance dans l'espace et à travers un arbre en fleurs, on aperçoit très bas, très loin, Paris que **M.** Dantan aime à oublier pour se livrer à ses inspirations d'artiste.

Il nous donne cette année une scène de moulage dans un *Intérieur d'atelier* à larges baies vitrées.

Un chien danois est mort. Sa maîtresse, inconsolable, l'a fait mouler. Emmitouflée dans sa mante violette qui tranche sur le blanc de l'atelier, elle assiste à l'opération dite du dépouillement. L'ouvrier, armé du ciseau et du maillet, procède à la découverte du superbe animal aux formes élégantes. A gauche, sur une table, tous les outils nécessaires au moulage : pinceaux, couteau, lime, mirette, spatules de fer ou de cuivre, bouteille contenant de l'huile, bassine, terrine, calque sont posés sans recherche apparente, mais avec tout l'art possible pour donner l'illusion de la réalité. Par terre, un seau accuse vigoureusement le premier plan.

La table, trop basse, est surélevée sous chaque

pied par des caisses brutes. Ce détail est pris sur le fait. Ces caisses, facilement transportables, sont de vraies compagnes pour le statuaire ou le mouleur. Il les met sous ses œuvres, sous ses tables. Il monte dessus, suivant le besoin qu'il a de se grandir ou de hausser son travail.

Entre deux baies, des plâtres s'esquissent dans une ombre relative en opposition aux clartés du jour. Un grand palmier étend ses larges feuilles vertes et semble se plaire dans cette atmosphère d'atelier. La neige s'aperçoit au dehors, mais le poêle brûle bien. On sent qu'il fait chaud.

M. V. Gilbert nous donne *Magasin de modes*, une de ces petites scènes dont le succès est toujours assuré. Ce sont des ouvrières, dessus de panier. Chacune a sa beauté, son caractère, son action. Deux d'entre elles travaillent avec ardeur. Une autre ouvre un rideau pour regarder au dehors, sa voisine lui demande ce qu'elle voit. Deux de leurs camarades s'interrompent pour goûter. Des femmes descendent d'un étage supérieur apportant les objets nécessaires au travail. Tout est rendu avec une scrupuleuse exactitude; les détails sont réussis; le lustre, avec ses petites lampes électriques, est des plus amusants. La vie parisienne dans son activité est l'élément de M. Gilbert. Son talent s'y prête, son esprit s'y déploie.

Autour d'une table, quatre gamins, aides de cuisine, marmitons ou mitrons, jouent aux cartes, fumant des cigarettes et se livrant à la boisson. Seulement cette boisson n'est que de la citronnade que leur verse un des leurs dont la manche rouge éclate en vives couleurs et appréhende au corps le passant. Depuis la carafe qui contient le breuvage et ses ronds de citron jusqu'aux cuivres discrets qui tapissent le mur, tout est peint de main de maître dans ce beau tableau de M. Joseph Bail : *Joueurs de cartes.*

M. Maxence est un de ces peintres créés tout exprès pour défendre l'art contre la vermine rongeuse des sans-talent qui, incapables de faire bien, s'efforcent de prouver qu'il faut « mal faire » pour réussir, qu'on doit inventer des couleurs, des formes, pour changer et créer un « art nouveau ». Les cinq *Chanteuses* rappellent les peintures à la cire.

M. Charles Landelle se fixe l'hiver sur la Corniche. Ce pays de soleil lui rappelle l'Orient dont il est le peintre. Il nous donne : *Première escarmouche,* jeune moissonneur lutinant une moissonneuse, idylle aussi gracieuse de composition que sérieuse comme qualité de peinture.

M. Landelle, à la palette brune, tamisée, a vu

très clair cette fois. Ses moissonneurs blancs, roses, jouant dans les blés, sont vraiment appétissants.

Une *Petite fille de Vintimille*, vendant des pommes de pins, très jolie toile, complète cet envoi.

Mlle Romani, au talent de large envergure, commence à se sentir à l'étroit sur des toiles de petite dimension. *Dona Mona* se tient admirablement dans son cadre spacieux, sur un fond vigoureux, très étudié, dont le rôle n'est pas sans importance dans l'effet. Elle rêve nonchalamment penchée, laissant flotter sa chevelure qui jette des éclats dorés. Une ample et riche draperie l'enveloppe de plis grisâtres. De sa prunelle s'échappe une étincelle, feu de diamant. Cette beauté élégante de formes, aux chairs éclairantes, a le buste modelé comme par un Praxitèle, avec des attraits marmoréens de Vénus antique. Mais l'attache du cou, les seins, les bras, palpitent de vie. C'est une femme tout amour et caresses.

Sur une autre toile de la même artiste, nous voyons *Faustolla da Pistoia*, jeune fille presque enfant, au visage souriant, encadré de cheveux blond-roux, légers, courts et flottants. Elle est fière de son beau corsage gris brodé qu'on entrevoit sous son manteau de velours vert émeraude, traité avec une extrême richesse de palette. C'est très largement exécuté. Cette tête, faite d'un jet, est enlevée avec une maëstria inouïe.

La petite main de la femme se fait sentir sous la touche hardie du peintre, masculin par le talent. Quoi que puissent en penser les aveugles qui font de la critique, les manifestations de l'art n'ont pas de sexe. Seuls, le caractère et l'éducation font la peinture masculine ou féminine. Il y a des hommes taillés en hercules qui peignent en petites demoiselles, et des femmes frêles qui peignent en maîtres. Délicate et passionnée pour son art, Mlle Juana Romani est Italienne de naissance et de sang. Mais, ne lui déplaise, elle est quand même Parisienne comme dix, par sa vivacité, son enthousiasme, les pétillements de son regard quand elle parle peinture, et la finesse galbeuse de tout son être. C'est bien la Parisienne, avec ses airs de reine déguisée et ses mouvements d'oiseau.

M. Berne-Bellecour sait que les vrais amateurs, ceux qui s'y connaissent, aiment le fini, et il prend à tâche de parfaire les scènes militaires qu'il nous présente. *Le Sellier de la batterie*, raccommodant un fourniment sous les regards de deux camarades, est un des meilleurs tableautins qu'il ait jamais ciselés.

Au cantonnement, de M. GROLLERON, est aussi fort que possible. Jamais une défaillance chez cet artiste.

M. ZWILLER, avec *Réflexions,* imite Henner. Il a raison. Il se révèle tout à coup avec des puissances qui vont très bien à son talent, et indiquent chez lui une riche variété d'aptitudes.

Sur un petit tableau, M. Pascal BLANCHARD nous transporte *Chez le bourrelier.* Accessoires et personnages sont véritablement remarquables.

On s'habitue à tout, même à enterrer les gens Demandez plutôt à ces deux croque-morts. Assis, comme des gamins, derrière un corbillard qui. rentre en traversant des champs, ils jouent gaiement aux cartes sur leurs chausses, haussant autant que possible leurs jambes pendantes. L'un a le nez rouge, l'air en goguette, le chapeau de côté, ce qui atteste de récentes libations ; l'autre est sans chapeau, mais il a son plumet. Excellente peinture de M. BRISPOT, ce *Retour!*

Parlons un peu de Mme Consuelo FOULD. Depuis quelque trois ans, cette artiste semblait s'être enfermée dans les portraits; mais la voilà qui laisse un libre cours à son imagination et nous montre un tableau très original.

Après des fouilles aux ruines de Carthage et de nombreux furetages dans plusieurs musées, elle a pu reconstituer le costume des élégantes carthaginoises avant les guerres puniques. Mme Consuelo Fould a fait mieux encore. A l'aide de vieilles médailles du temps, elle a rétabli le type de ces femmes; puis elle a cherché et retrouvé ce type qui, après avoir sauté d'innombrables générations, s'est enfin reposé sur le visage d'une très jolie contemporaine. Cette toute gracieuse « réincarnée » a permis au peintre de s'inspirer de sa beauté. Si bien que la carthaginoise est prise sur le fait, et que nous avons la vision de « ce qui fut » il y a plus de deux mille ans.

La jeune femme, parée de longues bandes de broderies d'argent tombant sur une robe bleuâtre, coiffée d'un double croissant de lune, la poitrine couverte de pierreries, est très occupée de la composition d'un *Philtre*. Sur un trépied, le feu est allumé. Elle fait bouillir un mélange où elle verse goutte à goutte un liquide magique. C'est d'une urne lacrymatoire que s'échappe la précieuse liqueur, où le laurier-rose entre en majeure partie. Le reste est un composé problématique, dont de tout temps les sorciers seuls eurent le secret.

Le philtre a la vertu de faire aimer celui ou celle qui le donne. Est-il nécessaire à la belle carthaginoise? Nous croyons que tout le monde l'aimera sans cela. Le tableau est composé avec art, très bien dessiné, et d'une grande richesse de tons.

Toujours dans un éclairage franc et inspirées par un esprit pétillant, les peintures de M. Chocarne-Moreau ont par avance un succès assuré.

Devant la vitrine d'un petit restaurant, un pauvre perroquet, sur son perchoir, a maille à partir avec un écolier qui lui tire une plume de la queue et un marmiton qui lui envoie dans le bec la fumée d'une cigarette. L'oiseau crie, se défend. Sa mangeoire se renverse, son eau se répand, et le public de rire en battant des mains devant une *Prise de bec*. Notez qu'aucun animal n'est plus difficile à peindre qu'un perroquet. Celui-ci est vraiment naturel.

Nous avons remarqué au Salon dernier *Sans Roulotte*, de M. Beyle, deux amoureux forains partant à travers champs. Lui, portait sa guitare et elle, son petit baluchon.

Le temps a passé, la fortune n'est pas venue : *Pierre qui roule... n'amasse pas mousse*, — mais les jeunes époux ont eu un bébé. Et, quand ils s'arrêtent dans une rue, jetant tapis par terre pour ravir les passants par leurs jongleries, c'est l'apprenti acrobate qui donne le biberon au petit, pendant que la mère danse, l'éventail à la main, et que le père joue de la guitare. Gobelet, cerceau, chapeau épars sur le sol, tout est « fait ». Ce groupe, bien compris, en pleine rue, avec un fond de ruelle fuyante, est un joyeux tableau de M. Beyle.

Cendrillon, pauvre petite oubliée, seule au coin du feu, pendant que ses sœurs étaient au bal, se résigne à son sort, épluchant carottes, poireaux, oignòns... Mais la fée, sa marraine, est venue la visiter, l'a frappée de sa baguette, et la misérable défroque s'est changée en robe blanche brodée d'or. Tout à l'heure, la citrouille qu'on aperçoit dans un coin va devenir carrosse. En attendant, la blondinette quitte la marmite où bouillonne la soupe près d'un feu ardent, laisse les légumes, et met son pied mignon dans la petite pantoufle qu'elle va, pour son bonheur, perdre après minuit.

Les savants prétendent que cette pantoufle était de « vair », fourrure précieuse alors. Celle-ci, toute hérissée de pierreries, n'est pas en fourrure, mais nous semble bien désignée pour le pied d'une princesse de féerie. Peinture très soignée, d'un faire doux et énergique à la fois, signée ACHILLE-FOULD.

De la même artiste, une œuvre plus importante, plus démonstrative par l'éclat de ses ors, *la Coupe enchantée*, attire beaucoup les regards. Cette coupe motiva bien des légendes. La voilà tenue haut par une belle brune coiffée de gros chrysanthèmes roses. Elle sourit. Son costume de broderies dorées transparentes, ruisselant de pierreries vertes, s'enlève en tache brillante sur un fond de tapisserie verdure très éloigné, et fait ressortir la chaude blancheur des chairs. C'est un véritable épanouissement de jeunesse et de beauté. Que pense cette belle au sourire énigmatique et que contient sa coupe en vieux verre de Venise ? Le secret du bonheur, sans doute. Un examen attentif fait découvrir une énorme somme de travail dans l'exécution de ce tableau, très sérieusement étudié par Mlle Achille-Fould.

La *Veille de Noël*, une piquante ménagère en robe verte, modestement coiffée d'une cornette blanche, plume une dinde qu'elle va truffer certainement. Deux chats gris regardent le travail avec convoitise. Un bahut ancien s'indique au fond. Dans la cheminée le feu pétille. Sur une table, cuivres, argenterie, oranges, attestent l'habileté de nature-mortiste que M. Alexis VOLLON ajoute à son talent.

Nos Alpins défilant sur un étroit sentier est un bon morceau par M. LOUSTAUNAU. Ça va, ça mar-

che : « Une, deux! une, deux ! » On voit le défilé
se mouvoir régulièrement entre de hauts rochers,
évitant une profonde crevasse entr'ouverte à sa
gauche.

Bien attendrissantes, les orphelines qui viennent
prier sur la tombe de leur mère, dans le cimetière
du village. Ce touchant *Anniversaire* est signé
Henri PERRAULT.

Près d'un *Nid d'hirondelles,* accroché par
M. Charles BRUN sous l'avancée d'un toit, une
Algérienne écarte sa jalousie et regarde avec joie
le retour de ces voyageuses volant dans une rue
étroite, et revenant chacune au gîte. M. Charles
Brun garde en ses souvenirs l'aspect intime de
l'Orient et nous le montre avec un charme local
tout spécial.

Quelle brillante assemblée pour entendre *Une
œuvre inédite* de M. DETTI! Le cardinal en rouge,
pontifiant un peu, déclame, une brochure à la
main. De nombreux personnages, formant divers
groupes, l'écoutent attentivement ou lutinent une
collation. Tous sont habillés, chiffonnés avec art.
L'esprit anime tous les visages. Par une large

baie vitrée, on aperçoit la campagne où se promène au loin un couple d'amoureux.

Une grande recherche de la vérité, une scrupuleuse conscience animent M. Detti. Il veut être
parfait, et c'est pour cela que nous nous permet-
trons de lui dire que, seule, la couleur de ses chairs,
chez les femmes surtout, laisse un peu à désirer,
— à moins que ces dames ne soient toutes des Ita-
liennes au teint chaud.

Sont *Captifs :* un beau lion et une jolie Japo-
naise qui, du reste, ont l'air de s'entendre à
ravir. La tête de la femme, bien en lumière,
garde l'effet pour elle seule et attire l'œil.
M. Weisz habille de belles couleurs des compositions d'une impérieuse attirance.

*Maison des Romanow, — premier jour de dé-
gel à Moscou,* par M. Bouchard, donne froid aux
pieds. L'atmosphère est grise, le ciel maussade.
Cela doit être exact, mais nous n'avons pas envie
d'aller constater le fait. Bon tableau.

Très gentille, la fillette en jupon, portant une
Brassée de fleurs ! Elle est bien chargée. Nous
préférons ces peintures franchement vraies à

l'abracadabrant symbolisme, fait pour réveiller les morts. M. Cavé peint avec goût.

Mlle Laura Le Roux a vu dans les premiers jours du *Printemps* deux jeunes filles, une rousse en bleu, une blonde en blanc tenant une mésange sur son doigt. L'oiseau chante, et, sur les premiers plans, des fleurs s'ouvrent.

La même artiste nous montre une enfant *Sans aïeux*, et pas plus triste pour cela, jouant de la guitare pour réjouir le passant. C'est riant, gracieux, joli comme le peintre.

Très mignonnement fait, *Devant le mur de Salomon*, le petit homme rouge de M. Ralli, dont les productions sont toujours exécutées avec un grand respect de l'art.

Au gui l'an neuf nous rappelle que Mlle Mercier a beaucoup de talent. Nous ne l'avions pas oublié. Fille de peintre, elle peignait tout enfant. Il ne faut donc pas s'étonner que, jeune encore, elle ait déjà tant d'expérience en son art.

Après son café, le curé de M. A. Weber chante,

chant, est le principal personnage de l'effet de
soir pris aux *Bords du Rhône* par le même artiste.
Le roi de la création étend ses grands bras pa-
resseux dans l'espace comme un souverain qui
s'étire après un semblant de travail. Sa cime est
un peu roussie : l'automne a soufflé par là. L'astre
disparu chauffe encore le ciel d'une lumière vive
qui se fond en teintes d'ambre. Un torrent très
pressé passe et s'enfuit en bondissant sur des
éboulements de rochers, jetant dans l'air des perles blanches. M. Harpignies sait peindre la nature
sans la dureté de ses prédécesseurs, quelque peu
scolaires. Il lui laisse sa majesté sans altérer sa
poésie, ce qui le rend plus attractif pour nous
profanes.

Lever de lune en hiver, à Wissant. Le ciel est
verdâtre ; les nuées rougies et les grandes nappes
de neige qui couvrent la terre sont rosées par le
soleil couchant. Quelques maisons du village se
groupent autour du toit rouge de la chapelle. Plus
loin, sous la neige, se devine le vieux camp jadis
construit par César quand il partait à la conquête
de la Grande-Bretagne. Tout est nuancé finement
dans ce tableau original comme toutes les toiles
de M. Demont.

Lever de lune au cap d'Antibes obtient un franc

succès au Salon. L'ombre du soir, tombant mollement sur la nature après les chaudes journées de soleil dans le Midi, est on ne peut plus juste, sans noirceurs, sans taches, avec la transparence vraie. Baignant le léger feuillage de l'olivier, l'obscurité se glisse sans efforts sous les massifs de chênes verts. À l'horizon, au dernier plan, le ciel est profond, bien séparé du sol. Quiconque a vécu dans ce beau pays y retrouve avec plaisir la végétation du terroir. Le tableau est dû à M. ZUBER.

Nous retrouvons le même artiste dans *Une journée orageuse,* sous un ciel gros de menaces, contrastant avec le calme, les tons doux et chauds des premiers plans où les champs sont fauchés. Le blé est mis en meules. Au fond, de crayeuses collines forment de longues raies blanches sur la forêt de sapins noirâtres. Belle exécution, composition originale.

M. PETITJEAN possède certainement un procédé pour rendre l'eau transparente. *Le Canal du Moulin à Gerbéviller* est en Lorraine. A gauche de ces eaux profondes se voit une manière de quai hebreux où passe un paysan tenant son enfant par la main. A droite, de modestes communs desservent les bicoques de village. Au fond est une passerelle très primitive, une maison grise baignée d'air, puis le village grouillant sous un ciel gris clair, mais nuageux. Un toit s'égaie d'une lumière vive. Ici c'est le calme, là-bas c'est la vie.

Du même artiste, on voit un effet de soleil dans un *Hameau lorrain,* de couleurs diaprées. Les clairs rayons se portent à gauche, illuminant les maisons, les toits, le sol, pendant qu'à droite tombe une ombre discrète où se dessine une charrette abandonnée. Au loin, passe une route. L'horizon finit dans l'éclaircie. Le faire de M. Petitjean est large, puissant, vrai et d'une gaieté bien française. Ces deux dernières œuvres sont très remarquables.

M. Guillemet nous montre, *Vu des hauteurs de Belleville, Paris,* la capitale du monde civilisé, cliché vieux, mais bien exact. Nous sommes sur un tertre élevé, gazonneux, en compagnie d'une bonne femme au châle noir, au tablier bleu. Près de nous se dresse une maison isolée, de mine grise et suspecte. A sa suite, de petits toits s'étagent, perdus dans des branches d'arbres, laissant échapper leurs fumées un peu sales opposées aux pures vapeurs des nuages. Puis tout s'arrête. Et loin, très bas, apparaît la ville, d'un gris serré. Elle s'étend, ornée de longs rubans brumeux, depuis l'église de Sainte-Clotilde jusqu'au clocher de Ménilmontant. Quelques vapeurs irisées, s'échappant de plusieurs points comme des poussées de volcan, révèlent l'intensité de vie sous le calme apparent de ce lac d'habitations, de monuments, de palais. C'est par un gros temps d'automne qui déjà tombe en nuages à droite. Au milieu, le ciel est bleu. Nous éprouvons, à la vue de ce bon tableau peint par un Parisien de Paris, le plaisir d'un amant à l'aspect du portrait de sa maîtresse. On aime tant son Paris, la plus grande calomniée des villes, parce qu'elle est la plus séduisante ! La séduction a pour ombre l'envie.

Ici éclate *Une aire en Provence*, de M. Gagliardini. Le ciel est en fusion, les blés sont en feu, les meules rôtissent. On bat le grain. Une jeune fille, en robe rose, chante joyeusement. Dans cet embrasement, la mer est chaude, la côte s'irise sous l'extrême chaleur. Si le soleil est habité, M. Gagliardini en vient certainement.

M. Yon est représenté par deux paysages pour ainsi dire intimes : *Maison familiale*, vieux murs, cours, fleurs, jardins, près desquels il a vécu, et qu'il a rendus avec toute l'émotion du souvenir, et *Pavillon abandonné*, qui semble pleurer comme nous l'artiste regretté qui n'est plus.

M. Dameron indique avec beaucoup d'habileté

par son paysage : *le Vieux moulin de Morsa-
lines, près Saint-Waast,* la grande différence
qui existe entre l'eau douce et l'eau de mer.
L'onde claire qui occupe les premiers plans,
mouillant une fraîche végétation, fait ressortir les
teintes relativement opaques de la mer qui s'étend
au loin, coupée par un cap hérisssé d'une tour.
Les fonds, surplombés de nuages lourds et mena-
çants, font valoir toutes les clartés des premiers
plans. Nous signalons tout particulièrement la
profondeur de la perspective.

Encore à l'école, M. Quost peignait déjà des
fleurs et des fruits qui, le dirons-nous? sont
presque aussi bien que ses peintures d'aujour-
d'hui, ce qui prouve qu'on naît peintre. Mais ce
n'est qu'à vingt-six ans que cet artiste a pu se
livrer tout entier à l'art. Il procède par études
minutieuses où tout, jusqu'aux moindres détails, est
scrupuleusement rendu. Puis, dans son tableau,
il supprime ce qui ne lui paraît pas nécessaire à
l'effet.

Cette année, M. Quost expose un petit paysage :
Vieille écluse à Saint-Michel-sur-Orge. L'eau,
d'une limpidité surprenante, arrose des bords d'un
vert vivace et doux à la fois. Un pont de pierres
blanchâtres s'élève, sur lequel passe une voiture,
note gaie, qui fait bien. C'est le matin. Le ciel

est bleu. Des collines lointaines monte la brume légère qui annonce les jours chauds.

Fleurs d'été. Devant le mur blanc d'une maisonnette dont la porte est ouverte, se dresse une corbeille de glaïeuls rouges aux feuilles en forme de glaive. Autour sont groupés, sortant de leurs touffes de feuillage bleuté, des œillets blancs entremêlés de pieds d'alouettes roses et bleus. Un peu plus loin, des soucis forment repoussoir. A gauche est une sorte de terrasse où sont posés des pots de fleurs. Le soleil éclaire ce coin, nature s'il en fut. Un gentil petit chat s'y promène avec délice. Nous en ferions bien autant. Tout cela sent la vraie campagne.

Les pommes [de terre se devinent à travers le sac que brouette, dans une belle flaque d'eau, un paysan qui fait la *Récolte d'automne.* Sa femme, penchée, soutient de la main l'équilibre du fardeau, pendant qu'un gamin, coiffé du panier où il recueillait les tubercules, s'en vient tout tranquille. Le ciel est sombre, mais une touffe de fleurs ramène la gaieté au premier plan. Bonne et saine peinture de M. G. Laugée.

Du même peintre, un très intéressant tableautin. *Sous l'averse,* une femme passe. Son parapluie abrite tant bien que mal l'enfant qu'elle porte sur son dos. Un gros nuage s'effondre sur eux. Il pleut à torrents. Au loin, derrière le clocher du village, une éclaircie se fait joyeuse. L'été de 1896 a laissé beaucoup d'eau chez nos paysagistes.

Oh! très réussi, *le Palais de Justice*, couvert de neige, par M. CAGNIART. Comme son professeur, M. Guillemet, l'artiste sait son Paris.

M. APPIAN nous donne un crépuscule où se rencontrent, sans se mêler, la teinte rose laissée par le soleil et le bleu qu'amène la nuit. Un léger bateau dort sur une eau tranquille. Près de la rive s'élève une chaumière. Dans le ciel, monte un croissant de lune. Ce *Commencement de crépuscule* est doux comme un souvenir, et le fond se perd dans le disparu.

Tout à fait caché dans un fourré vert, un petit ruisseau se faufile sous l'herbe, *Au fond du ravin, le soir*. En haut s'aperçoit un brin de ciel. Bon paysage bien franc, par M. Henri BIVA.

Les Feuilles mortes, tombant en avalanche, est une pensée d'automne heureusement exprimée par M. BOUCHOR.

Le Fleuve, de M. Carl-Rosa, coule au bas d'un coteau tranquille, qui porte un petit village heureux d'être. Le cap étroit, se mirant au loin dans le cristal de l'eau, le ciel limpide, les touffes d'herbes drues qui poussent au premier plan, tout est bonheur dans ce paysage.

Le Village de Ruaux et sa petite église se dessinent terriblement vigoureux sur un ciel embrasé par le coucher de soleil. Les lueurs qui s'allument chez le maréchal-ferrant, à gauche, au bas de la côte, font un contraste heureux avec la lumière du ciel. M. Desbrosses aime ces effets tranchés.

La petite fille poursuivant les femmes avec ses violettes, la marchande de fleurs offrant son lilas, les voitures dont on entend le bruit et le mouvement, l'excitation qui règne dans la *Rue Saint-Lazare,* aux abords de la gare, sont lestement rendus par M. de Schryver.

Nous sommes sous bois, à *Saint-Cloud.* Un vert légèrement bleuté nous environne. Çà et là de frêles pousses fleurissent, dont une jeune femme vient prendre des branches pour finir le bouquet qu'elle tient à la main. Vêtue d'une robe blanche toute simple laissant deviner les ondulations de ses formes, elle détourne modestement la tête comme pour nous dérober son visage. Cette composition, de haute distinction, est signée TANZI.

Dans le tableau de M. SCHMITT, *la Vallée de la Seine et le pont de Sèvres,* les premiers plans sont occupés par une pente ensoleillée. Viennent ensuite des arbres solidement attachés au sol, puis de l'eau et des lointains. Une lueur rose égaie le ciel. La manière de ce paysagiste tient un peu de celle de M. Français, le membre de l'Institut. C'est très simplement et énergiquement rendu.

M. GRANDSIRE expose *Bords de l'Oise,* peinture très douce. Ces pêcheurs semblent-ils heureux sur cette eau tranquille ! Pas une feuille ne bouge. Le temps, sur ces rives, est si beau !

M. de CLERMONT, qui a bien étudié le décor de sa scène dans *Un coin de Montmartre au crépuscule,* a sans doute été surpris par le temps, et s'est vu forcé de laisser sa religieuse à l'état d'é- bauche. C'est fâcheux.

On pousse trop les artistes à faire du supposé. Quand une toile doit être placée sur la cimaise, il faut que le spectateur puisse voir ce qu'il regarde sans se reculer de dix pas, ce qui n'est pas toujours facile. Même dans les paysages, les personnages sacrifiés ont fait leur temps. Les petits morceaux de bois ou les taches ayant la prétention de représenter des gens, entravent carrément l'effet des tableaux, qu'ils déparent comme des trous dans une toile.

L'idée est touchante dans l'œuvre de M. Clermont. Qu'il finisse un peu sa religieuse, indique ce qu'elle porte, et qu'il ne prenne pas notre franchise pour autre chose que de l'intérêt. Ce que nous lui disons s'adresse à beaucoup d'artistes.

ANIMALIERS

Par un caprice de prince, M. Bonnat expose un magnifique *Aigle liant un lièvre*. Ailes déployées, œil en feu, l'oiseau splendide, le bec ouvert, s'abat sur un rocher où il étouffe dans ses serres l'innocente victime qu'il s'apprête à dévorer. Le pauvre lièvre, hagard, terrifié, fait détourner les yeux, tant sa souffrance est déchirante. C'est surprenant de vérité.

M. Busson affectionne comme paysages les grands spectacles de la nature. Son *Pouliguen* s'ébat en pleine prairie, sous un ciel vaste où circule en maître l'air de la mer. Cette mer, comme les Salines ou le Croisic, n'est pas en vue, mais on en sent l'influence. Une belle mare d'eau douce est là comme une oasis, où les femmes viennent laver, où de superbes vaches boivent et se baignent, en s'habillant du soleil qui dore leurs robes blondes. Un moulin s'élève dans la plaine jaunâtre. Le petit village se blottit sous les arbres, très loin. L'aspect, aussi simple que grandiose, ouvre à l'esprit de vastes horizons. M. Busson est un des favoris du public et c'est justice.

Le même artiste nous réjouit les yeux par un charmant paysage, *Matinée*, où tourne une jolie rivière. Un arbre superbe, derrière lequel le soleil se cache, garde dans son feuillage de jolis reflets diamantés. De belles génisses sont venues se baigner dans l'eau claire, et brouter l'herbe tendre qui pousse aux alentours. Il y a là sans doute quelque délit, car la bergère accourt poussant les hauts cris et faisant de grands bras. Le chien inquiet bondit dans l'herbe.

Un beau paysage de M. BERNIER creuse une profonde route sous un bois, dont les hauts ombrages répandent une pénétrante odeur de feuillage. La paysanne qui, panier au bras droit, parapluie sous le bras gauche, vient à nous, amène avec elle des vaches qui grimpent sur les talus. D'autres accourent. Une lumière vive colore les fourrés dans le fond. C'est le *Chemin du bourg*.

La grande toile de M. BARILLOT, *la Ferme de Grousset*, est l'histoire même d'un village, pays primitif où la vie est douce, facile. Le bétail broute l'herbe tendre, les canards voguent sur l'eau claire, la bergère indolente sort les vaches du hangar et les mène lentement à l'herbage. Celles-ci viennent à nous se balançant, naseaux ouverts, toutes fières de leurs formes opulentes, de leurs belles robes au roux luisant. Les arbres chuchottent, le feuillage a des secrets, la prairie se dore et embaume le jeune foin.

M. Barillot a joint à cet envoi : *Un gué en Lorraine*, où de belles vaches entrent tranquillement dans l'eau clapotante. Une brune s'avance, ayant à sa gauche une rousse, à sa droite une blanche tachée de blond. Le paysage est frais, l'eau claire, l'air pur, le ciel engageant. Aussi, de loin, viennent encore d'autres bestiaux friands.

Dans la plaine, de M. Dupré, on récolte le foin. Un paysan, en haut d'une charrette attelée de quatre bœufs, le reçoit ; un autre le lui envoie d'en bas, à fourche pleine. Celui des bœufs dont le blond touche au roux nous regarde de face et porte son joug avec fierté. Le soleil, intercepté par l'attelage, se glisse où il peut avec de magnifiques éclats. Les lointains s'azurent doucement, laissant les effets vigoureux aux premiers plans.

Un second tableau de M. Dupré nous montre des *Vaches à l'ombre*. Encore et toujours des vaches! Mais qu'y faire ? nos animaliers les réussissent si bien qu'ils nous en accablent. L'une d'elles, blanche et noire, est debout; deux rousses sont étendues à ses pieds; une autre, vue de face, couchée plus loin, réfléchit sérieusement. Dans l'ombre douce, jetée de droite par un arbre sombre, de gauche par un osier léger, poussent de jolies fleurettes. Au second plan, éclate le vert tendre d'une prairie, où d'autres animaux paissent. La ferme est au fond, et l'horizon se borne par un rideau de brume chaude sous un ciel rosé. Nous sommes aux environs de Dieppe, à Arques-la-Bataille. Les pinceaux de M. Dupré ont des réalités saisissantes.

M. de VUILLEFROY nous donne aussi des vaches: *Deux bonnes bêtes,* l'une caressant l'autre, dans un champ sec, où poussent, en plateaux blancs, des carottes sauvages diaprées d'origans. Le colza dore les arrière-plans où s'enlève en vigueur un arbre solitaire. Une jeune génisse, attirée sans doute par les caresses dont elle voudrait prendre sa part, arrive par un sentier qui coupe l'herbe. On est dans l'Oise. Le ciel a la chaleur des après-midi d'été, mais non sans quelque humidité. Franche et claire peinture.

Ajoutons à cela : *Un coin de pré* où l'herbe pousse fraîche et drue. Deux belles vaches nor-

mandes blanches et noires, énergiquement construites et roussies par le soleil, attendent avec
impatience qu'on vienne les chercher. L'une d'elles
pousse du museau le fil de fer que retiennent deux
poteaux en manière de clôture. Une autre, paresseusement couchée, nous tourne le dos. Sur le ciel
bleu courent quelques flocons de nuages prin-
taniers. Tout est ferme et bien à son plan dans
cette petite toile très juste de ton.

Le cerf entre dans le lac, une douzaine de chiens
l'y suivent, deux chasseurs en rouge arrivent
sonnant *le Bat-l'eau*. De jolies herbes fines
poussent au premier plan et la brume estompe les
lointains perdus. Personne n'a peint les scènes
de vénerie comme le regretté O. de Penne.

Chasse réservée... On ne doit pas franchir la
clôture fichée dans les bruyères roses. Aussi les
beaux chiens de M. Hermann-Léon sautent-ils à
cœur joie par-dessus. Cette scène canine est gail-
lardement enlevée.

Bien dans l'air et courant à belles jambes, un
chien de Saint-Germain s'en vient avec un *Lapin*.
Le coin de bois, d'une perspective très réussie,

fait on ne peut mieux, comme le reste. Signé Hermann-Léon.

Amis de la maison, un singe plumant un pauvre cacatois sous les yeux effrayés des petits oiseaux perchés derrière eux, est cruel, mais bien peint. Par terre sont des raisins, des grenades, une aiguière, un plat, du faire opulent de M. MONGINOT.

Un mariage de raison, toile comique par M. BEYLE, prouve qu'un couple de race canine, ayant déjà produit un panier d'héritiers, n'a rien de mieux à faire que de régulariser sa situation devant Dieu et devant les hommes. C'est l'opinion du clown, costumé de satin jaune, qui nous présente les jeunes époux. Mais certains puritains, passant par là, trouvèrent la fleur d'oranger un peu trop attardée sur le toupet de la mariée.

Tigre et tigresse, l'un se roulant par terre, l'autre accourant de loin, sous une lumière un peu bien rouge supposée venir d'un coucher de soleil, forment un tout très chaud. Signé : Marthe ABRAN.

M. Duchène nous envoie une petite toile très amusante : *Surprise*, chien noir et chien blanc, interdits et respectueux devant un chien de faïence vert, très japonais, qui leur tire une langue biscornue.

MARINES

Dieppe, de M. Ant. Vollon est une des plus
belles œuvres du Salon. On s'extasie devant le
coin de petite ville où se produit un brin de mer
sous un ciel immense. Il semble que le maître ait
choisi ce décor si simple pour y faire mieux ressortir son talent. La vigueur de la terre, les pro-
fondeurs des eaux, l'église, les mâts effilés, les
maisons... tout est fait, refait, sans omission, mais
sans sécheresse. C'est la vérité, la vie dans la
nature, que ne pourront jamais changer ni les gâ-
cheurs de toile, ni les mangeurs d'encre.

Décidément, les accidents terribles ont capté les
pinceaux de M. Tattegrain. Cette fois, c'est un
naufrage, mais l'espoir reste. Dans les lames
colossales, deux bateaux se sont heurtés et brisés.
Un troisième sauve les naufragés. Les efforts sont
superbes dans la lutte contre la mort. Une lumière
intense descend du ciel, et la mer, quoique fu—

rieuse, a cette indifférence souveraine qu'elle affecte devant la douleur humaine. Bien éclairé, ce *Sauvetage en pleine mer* est vraiment beau.

Marée basse à Barfleur, petite marine très soignée, par M. GUILLEMET, nous rappelle une église déjà vue. Dans les flaques d'eau bleue, les pêcheuses, dont les coiffes ressemblent à des papillons blancs, sont venues chercher crevettes, couteaux, clovisses, oursins, palourdes, et remontent au village. Des voiles légères indiquent le port qui se cache derrière une pente douce. Tout est lumineux, dans un grand jour d'été. Les galets sont chauds. L'air limpide et salé donne faim.

A l'eau ! dit une jeune femme traversant la plage à marée basse, et menant au bain deux bébés nus. Du bras droit elle porte le plus jeune, et du bras gauche elle tire vigoureusement l'aîné qui résiste, ne veut pas avancer, et se défend comme un beau diable. Le mouvement des trois personnages est d'un réalisme agréable aux yeux. Le fond, presque entièrement caché par une mer très calme, a des teintes douces et profondes. Sur la partie supérieure de la toile une étroite bande de ciel gris méchant justifie la tonalité menaçante de l'atmosphère et la fraîcheur dont l'enfant s'effraie.

Mme Demont-Breton est presque une enfant de la mer. Elle en connaît tous les mouvements, toutes les nuances, et les rend en maître. Quand les femmes peintres atteignent les hauteurs où celle-ci est arrivée, elles donnent à leurs œuvres un charme tout spécial. Leur talent ne dépasse pas celui des hommes, assurément, mais il est autre. C'est ce qui nous le rend particulièrement intéressant.

M. Gagliardini attire notre attention sur une mer légèrement azurée, mariée au ciel par une ligne rose tendre où passent des petits bateaux de pêche comme des hirondelles de mer volant à la surface de l'eau. Sur la rive opposée, de jolies collines bleues ondulent à peine visibles, à travers la densité de l'atmosphère. Ce *Calme du matin* est animé du souffle vivant de la mer, sous un chaud soleil.

M. Garaud expose une grande marine baignée d'air salin. C'est, nous semble-t-il, la première fois qu'il aborde ce genre. Quand un artiste s'essaie sur un sujet neuf pour lui, il y a dans son œuvre une sorte de virginité de perception qui ajoute un charme de plus à ses qualités acquises. Ainsi dans *la Baie de Douarnenez* un je ne sais

quoi de sincère, de naïvement vu, augmente encore
la valeur de la peinture. La marée monte. Le vent
s'élève, poussant sur le ciel bleu tendre de petits
nuages blancs, un peu blondis par la chaleur.
L'eau, d'un vert bleu, s'agite doucement sous les
bateaux des sardiniers qui partent en pêche. Au
loin, à gauche, s'estompent, grisâtres, la cathé-
drale qui se dresse fière et la ville de Douarnenez
s'étendant très loin. Au premier plan, du même
côté, s'élèvent des falaises tranquilles où poussent
pins maritimes et frais gazon. Le grand calme
qui s'étend sur le littoral où pleure cette mer
tranquille est parfaitement rendu par les pinceaux de M. Garaud.

Le Port de Royan-les-Bains, œuvre de **M.**
Roullet, ne saurait être jugé froidement par nous,
fanatique de ce pays paradisiaque où l'Océan est
presque aussi bleu que la Méditerranée, quand il
fait beau, s'entend. Mais le beau fixe règne tout
le printemps, tout l'été dans ces charmants parages.
On y vit dehors, on y pourrait coucher. Fait-il
trop d'air ? on entre dans la forêt. Voir Royan,
même en peinture, est une joie. Pourquoi « le
port » ? Ce sont les environs surtout qui sont pit-
toresques !

M. Paul Schmitt est un paysagiste avec lequel

il va falloir compter. Les *Transatlantiques en bassins*, se balançant majestueusement dans le port du Hâvre, attestent que le peintre est sûr de ses moyens. Il va de l'avant.

M. GRANDSIRE expose une coquette petite marine, *Pont-Aven*. Vaisseaux flottants, cordages ténus sont finement interprétés et d'un très bon aspect.

M. E. LEROUX se lance dans la peinture grave. *Avant d'embarquer*, des marins causent ensemble. Ils sont bien étudiés et silhouettés par le fils d'un statuaire qui s'entend à parfaire les lignes.

———

NATURES MORTES

Saluons en passant le *Vase très ancien, cristal de roche et vermeil, provenant du Trésor de Saint-Denis,* et le *Fermail de manteau impérial allemand du XIIe siècle,* admirablement peints par M. Blaise DESGOFFE. Ce ne sont que pierreries, splendeurs, dans une symphonie vieil or pour fond.

Quoi qu'il fasse, M. BERGERET a toujours du talent. *Les Trois pyramides :* figues vertes, figues rouges, pastèques écarlates, sont propres à aiguiser les appétits les plus récalcitrants.

On serre toujours trop les fleurs en les groupant. Cela les fait souffrir, les tue, et n'est pas beau. M. Paul BIVA vient de placer dans une grande bourriche quelques gros pavots. Ils y sont confortablement. Les violets, les roses, les blancs, les rouges, munis encore de leur feuillage, vont de-ci, de-là, en liberté. Belle nature morte. Espérons que ce bon goût trouvera des imitateurs.

M. Eugène Claude, professeur hors ligne, en train de créer une nombreuse école, expose deux tableaux aux couleurs opulentes, au dessin impeccable. *Le Lunch*, toile élégante et fraîche, étale un luxe de porcelaines, de samovars, de biscuits, de raisins, sans précédent. Il y a surtout un principal personnage, une brioche des plus alléchantes.

Puis *les Pommes cuites*, bien à point, molles, craquées, et dont le fumet pénétrant chatouille agréablement les papilles du palais. Échalottes, casserole, passoire, accrochées au mur et courant le long d'une planchette, faites avec une étonnante dextérité, leur servent de fond.

M. Chrétien n'a pas fait cuire son *Dindonneau*. Il était trop beau cru. Avec les oignons roux qui sont sur la table, quelques gouttes du liquide contenu dans la cruche que voilà, on fera certes un excellent ragoût.

Raisins noirs et blancs, pêches, dahlias, gibier, bien vus, bien rendus dans *Automne*, justifient

largement la réputation acquise par M. P. Bourgogne, toujours d'aplomb sur la corde raide des
difficultés, sans aucune défaillance.

Choux, lard, jambon, sortant de la marmite,
chauds et fumants sur un plat de faïence, entre
deux beaux landiers soutenant un feu mourant,
sont signés Monginot.

La dinde est si bien rôtie, si chaude pour *le
Souper du fermier,* préparé par M. Dominique
Rozier, que le chat du logis ne résiste pas à la
tentation d'y goûter. Il avance la patte et se brûle.
Soupière, louche, bouteille, tout ce qui figure
dans cette belle nature morte est exécuté avec
beaucoup de brio.

M. Magne révèle son savoir-faire sous plusieurs
faces par la variété des objets qui composent
son envoi, *Objets d'orfèvrerie religieuse au
XVIe siècle.* Tout est parfaitement réussi. Un beau
drapeau donne au groupe une imposante noblesse.

Côte de bœuf, céleri, bocal, chaudron, soupière,
cloche à fromage forment une riche *Nature
morte,* par M. Rouby.

Mme DURY-VASSELON, une de nos meilleures nature-mortistes, excelle dans la facture de ses *Rosiers* faits scrupuleusement d'après nature. Ses tons sont exacts, ses groupements heureux.

RELIGION

Le christianisme n'est pas encore arrivé au complet entendement de l'homme. Le Christ dégageait une lumière trop vive pour l'humanité, jeune encore. Elle a été éblouie, s'est enthousiasmée, s'est agenouillée, mais n'a pas compris tout à fait le Verbe.

Il s'exprimait pourtant avec une simplicité telle que, même en parlant aux enfants, nous ne sommes pas aussi simples. Il voulait seulement être « entendu ». Mais les immenses vérités qu'il apportait de l'éternité ne pouvaient être contenues dans des paroles, formules inventées par des hommes, insuffisantes pour susciter toutes les conceptions de l'âme.

Les douze grands philosophes, qui partirent du Christ comme douze rayons pour se répandre sur le globe, ne purent que jeter au monde une semence que des siècles de souffrances physiques et morales devaient seuls fertiliser. Ces hommes, ayant été frappés par la lumière du Christ, en étaient illuminés. Mais après eux? Les hommes dits de Dieu n'eurent pas tous la faculté de comprendre entièrement l'esprit de ce verbe surhumain.

Discussions, querelles, guerres même succédèrent à la paix qu'il avait apportée par ce mot suprême et si simple : Amour. Ce mot, dont le Christ était l'expression vivante, contient la seule religion durable et vraie, ce mot c'est Dieu même, et lui, le Christ, en était l'incarnation. C'est l'Amour seul qu'il faut comprendre, sentir, mettre en action, si l'on veut savoir ce qu'est la religion. Quiconque n'est pas tout amour est impie.

Voilà que cette grande vérité, tradition sainte, conservée depuis trois mille ans dans le cerveau des grands penseurs, surgit tout à coup des arts, intelligible, éclairante sous la forme d'un chef-d'œuvre, *la Vierge au chasseur*, de M. HÉBERT.

Les feuilles sont tombées, les gazons jaunis ont séché, l'été finit : c'est le Passé. Le ciel s'est couvert ; par un petit interstice, le soleil qui s'en va jette encore à la terre une vive lueur d'espérance : c'est l'Avenir. Quant au Présent, le voici : une belle Vierge, majestueuse, sainte et calme pour nous représenter la religion, tient sur ses genoux l'enfant qui est Dieu. Un jeune garçon, croyant bien faire, accourt lui offrir en sacrifice le fruit de sa chasse, un chardonneret. C'est la jeune humanité qui croyait naïvement que souffrance et mort sont agréables à Dieu.

L'Enfant, avec une incommensurable pitié, et
l'expression d'une douleur telle qu'elle fait monter
des larmes aux yeux, repousse l'offrande sans
colère.

.   .   .   .

Mais Jésus qui mourra pour les hommes refuse
Et ne veut pas qu'on tue un oiseau pour un Dieu.
                          Jean RAMEAU.

Jamais l'idée d'amour ne s'est manifestée plus
ostensiblement que par cette inspiration qui semble
une flèche lancée des hauteurs de l'infini sur
notre terre.

Faire l'éloge de sa peinture, dire que M. Hébert
est un grand artiste, serait répéter encore ce qui
s'est dit à satiété. Sur cette belle tête blanchie,
les lauriers se sont accumulés au point de la
lasser de leur poids. *La Vierge au chasseur* est
plus qu'un beau tableau, c'est un argument
chrétien.

M. GÉRÔME, peintre et statuaire, travaille comme
dix. C'est son système pour rajeunir, ou du moins
pour ne pas vieillir. Quand on voit ce que nos
maîtres dépensent de labeur pour parfaire les
œuvres qui nous survivront, on comprend que l'art
n'est pas mort. On sent que l'amour du beau vit encore et vivra toujours dans les âmes élevées, malgré les efforts acharnés que ses ennemis font pour
le détruire.

M. Gérôme expose d'abord la *Fuite en Égypte*.

C'est la nuit toute bleue, s'étendant loin, loin...
sous un ciel étoilé. Ils passent seuls, la Vierge sur
l'âne, tenant dans ses bras l'Enfant, Joseph marchant derrière eux. Un grand mystère se répand
partout, nous atteint, nous émeut. Il y a quelque
chose de saint dans l'inspiration du grand
artiste.

Après avoir fait fuir le Christ dans une nuit tel-
lement délicieuse, qu'elle donne à tout le monde
l'envie de se retirer au désert, M. Gérôme le fait
entrer à Jérusalem. La ville est imposante, se
portant en masse à la rencontre de Jésus. Les
femmes s'agenouillent, les hommes se prosternent.
La foule s'entasse jusque sur les murs d'enceinte.
Le sol est jonché de palmes et de fleurs. Lui, entre au son de la trompe. Il passe sur les roses et
les palmes jetées sous les pas de sa mule blanche.
Il vient mourir. L'idée de la divinité du « doux rab-
bin », comme l'appelait Renan, s'éveille devant cette
frappante opposition. L'atmosphère lumineuse se
divinise au point de nous atteindre.

M. Gérôme, nous le savions, écrit en peignant.
Il prêche aussi, paraît-il; son *Entrée de Jésus
à Jérusalem* ressemble à une parole de Dieu.

« Venez à moi, vous tous qui peinez sous votre lourd fardeau,
je vous ranimerai. » SAINT-MATHIEU.

La Divinité, sous une forme humaine, crucifiée

par l'homme qu'elle aime encore ; d'autre part
l'Humanité, portant le fardeau de la vie, et revenant forcément à Dieu quand elle succombe sous
la douleur, est une œuvre grosse de pensée philosophique et religieuse, le résumé de l'Évangile et
de la vie, de la vie qui est souffrance, de l'Évangile qui est consolation.

Quiconque souffre se réfugie dans le Crucifié
qui, sur terre, a dû mourir pour la vérité : « A
chacun sa croix ! » L'œuvre est magistrale. Le
fond noir sur lequel elle se détache est d'un effet
superbe. Un homme, accablé par la croix qu'il porte
sur ses épaules, entoure de son bras le corps du
Christ crucifié. Au contact de l'Homme-Dieu la
force lui revient. Avec la résignation son corps se
redresse, les couleurs de la vie remontent à son
front, le calme se fait en lui. Il se retrempe dans
l'Amour divin, force universelle.

Dans *Compassion*, le génie du peintre s'élève à la
hauteur du génie chrétien, qui, pour sécher des
torrents de larmes, répandit des torrents d'amour.
Ce Christ et cet homme sont bien compréhensibles
pour nous dans leur perfection plastique. Les
lignes qui les dessinent sont irréprochables, et la
pensée qu'ils suggèrent en nous est d'autant plus
nette que l'œuvre est pure dans sa sublime vérité.

Les tableaux de M. Bouguereau doivent être pour
les peintres amoureux de leur art des instructions
annuelles toujours de plus en plus salutaires. Il
leur est donné, pendant plusieurs semaines, d'étu-

dier à loisir par quels tons gradués le maître arrive à cette transparence des chairs, à ces carnations fraîches et jeunes qui donnent la parfaite
illusion de la réalité.

Ce grand art, cette science exquise, ce sentiment
de la nature, le maître a su les acquérir à force
d'observation, de travail assidu. Ses ardentes
aspirations vers l'idéal du beau l'ont élevé jusqu'au
vrai.

L'on comprend qu'il existe de secrètes jalou-
sies chez ceux qui n'obtiennent pas comme lui ces
étonnants résultats. Nous l'avons dit, et le répétons : point de passion sans jalousie. L'art étant
une passion, et peut-être la plus brûlante de
toutes, a pour conséquence inévitable la jalousie.
Chez les artistes enthousiastes et chaleureux, cette
jalousie devient de l'admiration ; elle les stimule,
les aiguillonne et les entraîne plus avant. Chez
d'autres plus froids, plus apathiques, elle se
change en envie. Leur impuissance les irrite. Au
lieu de chercher à vaincre les difficultés qui leur
paraissent insurmontables, ils déclarent sans
talent ceux qui sont plus forts qu'eux, les décrient
et croient s'en débarrasser en les dénigrant. Mais
ils se trompent. Le beau, le vrai persistent et
restent.

De M. CHARTRAN : *les Matines à la Grande-Char-
treuse* montrent une rangée de moines chantant

dans leurs stalles. Le premier est convaincu, le second l'est moins. Tous deux accrochent au passage un flot de lumière. Très heureux effet.

Faire nouveau avec un ancien sujet est un problème tout résolu par la superbe *Judith* de M. Thirion.

L'aurore blanchit déjà la cime des monts. La soldatesque sauvage dort encore dans son camp, qu'indiquent seulement ses feux par de petits traits de fumée coupant l'air sombre. Le soleil se lève.

On est presque saisi de respect en voyant s'avancer la Juive, imposante sous ses sombres ornements. Elle ne baisse pas son beau front blanc de rousse. Elle n'a pas jeté son sabre avec horreur, elle le serre encore d'une main ferme. La négresse, qui suit les pas de sa maîtresse, se soutient à peine. Elle rampe plutôt qu'elle ne marche, courbée, tremblante de terreur. Le moindre indice parvenant à l'ennemi, ce serait la mort. Judith ne craint rien. Noble comme une reine et fière de son crime saint, heureuse de porter dans les plis de son manteau la tête de sa victime exécrée, elle passe, impassible comme la justice.

M. Vayson prend dans la nature des sites intéressants, mais il tient à ce qu'une idée passe par là. Il ne peindra ni un arbre biscornu, ni une paysanne à gros ventre. Cela ne l'amuserait pas, ni nous non plus du reste. Ses tableaux disent toujours quelque chose, ce qui ne nuit nullement au paysage.

La nuit est triste, profonde, presque noire. La lune voilée, en traversant lentement l'espace, se voit avec ennui reflétée dans un petit lac de boue. Un troupeau de porcs repus, très gros, endormis, digérant lourdement dans l'ombre, entoure de sa bestialité celui dont l'âme fatiguée du mal a soif du bien. C'est *l'Enfant prodigue*. Tout au repentir, il prend la nature entière à témoin de son désespoir. Il pousse un cri de détresse tel que nous croyons l'entendre. Nous ne pensons pas qu'on puisse mieux exprimer par le décor, par l'attitude d'un personnage, la douleur, le déchirement d'un cœur meurtri par le regret de ses fautes. Cette toile éloquente fait grande sensation.

L'imagination se développe rapidement chez certains enfants, et les rend très friands d'histoires merveilleuses.

Si, dans les narrations qu'on leur fait souvent pour les obliger à rester tranquilles, il arrive qu'on reprenne haleine, ils disent bien vite, demandant la suite : « Et alors?... »

Ces deux mots ont inspiré le tableau de M. Adan : *Une petite histoire*. Dans le jardin

d'un orphelinat, sur une vaste prairie ensoleillée, une religieuse est assise, un nid d'enfants
à ses pieds. Elle tricote, tout en disant un conte
aux marmots qu'elle regarde en souriant. Les enfants, le cou tendu, les yeux grands ouverts,
l'écoutent avec avidité. Chaque attitude peint
l'intérêt que, suivant leur âge, les enfants prennent
au récit. Les lumières sont bien distribuées. La
coiffe et la collerette de la religieuse se marient
aux éclats de lumière avec une harmonie comprise. Le groupe est solide sans dureté, le paysage
paraît léger sans être creux. Peinture saine,
attrayante, d'une facture parfaite.

M. de RICHEMONT est passionné pour son art. Il
travaille avec amour, appelant à son aide tout ce
qui peut concourir à l'entière manifestation de
son idée. Avant de peindre une scène, il la reproduit d'abord en nature dans son atelier, lui donne
l'éclairage qui lui convient le mieux, habille les
personnages, compose enfin l'ensemble complet de
ce qu'il veut représenter. C'est ce qui donne à ses
tableaux l'intense vérité qu'on y remarque.

Autour du berceau, dont les draps, frappés par
la lumière, jettent partout des reflets blancs, un
ange est venu. Les ailes à demi fermées, il
balance le petit lit du chérubin. La mère, paysanne pauvre, au visage pâle, aux mains calleuses
bien lasse, s'est endormie sur un lit misérable,

après les durs travaux du jour. Autour d'elle, l'écuelle abandonnée, la table presque vide, attestent la difficulté de vivre. Mais, pour la pauvre femme comme pour beaucoup d'éprouvés, le sommeil ouvre le ciel. L'âme, dégagée, devient maîtresse, et s'envole dans les hauteurs. Sur ses yeux fermés, le ciel s'est ouvert, le rêve s'est emparé de son âme allégée. Elle voit l'ange descendre sur terre et bercer son enfant. Cet ange, son imagination le crée de ses souvenirs. Il est moitié prêtre, paré de riches ornements sacerdotaux, moitié humain, moitié divin, avec de grandes ailes blanches. Et cela semble tout simple parce que la logique du sujet est serrée. Le talent de M. de Richemont se trouve à l'aise dans le calme, la foi, l'originalité même des tableaux de sainteté aux poétiques envolées.

M. DAWANT a su peindre un intérieur monacal sans la froideur et la monotonie qui souvent s'attachent à ce genre de peinture. Ce n'est plus le tableau-bijou, *Captif*, de l'an dernier, où tout était ciselé selon le goût du temps. C'est autre chose de non moins remarquable. Du reste, il faut marcher à grands pas pour suivre cet artiste dans la progression rapide de son talent, depuis plusieurs années. Le voilà, maintenant, passé maître, car sa dernière toile défie toute critique.

Saint Bonaventure et la pourpre cardinalice.

Nous sommes dans une salle basse, au plafond
soutenu par une colonnade primitive. Cheminée,
table où des légumes sont épars, feuilles de salade
tombées que vient picorer une pie, terrine, marmite, vaisselle posées par terre au premier plan :
tout est traité avec une délicate mesure, sans alté-
ration de la vérité. Adroitement tamisés, ces accessoires du décor restent respectueusement à leur
place, sans nuire aux personnages, et font vivre
un moment de la vie monastique. A droite, saint
Bonaventure, assis sur un banc, essuie les plats
que lave près de lui un moine accroupi. L'occu-
pation vulgaire qu'il s'impose par humilité ne
rabaisse en rien sa sainte figure.

Entrent par une porte du fond, — et la lumière se
précipite avec eux, — les envoyés du pape, légats en
riches costumes, qui viennent offrir à saint Bonaventure la pourpre cardinalice sur un coussin de
velours. Le moine regarde sans joie ces insignes
d'un honneur qui l'arrache à une vie paisible.

Parfaitement fouillé, le sujet a toute la majesté
qui lui attache notre souvenir. L'effet général
forme un tout bien net de l'effet le plus heureux.
Ce tableau est d'une petite dimension, mais la
pensée qui s'en dégage est grande. On ne peut à
son aspect se défendre d'une émotion profonde.

C'est exécuté dans la belle manière italienne.
L'ampleur du dessin, la richesse des couleurs où
rien de criard ne heurte l'œil, la noblesse de la
composition, s'imposent.

M. Demont n'est pas non plus de ceux qui peignent n'importe qui, n'importe quoi, sans souci des gens qui verront leur peinture. Ses sujets sont toujours pleins de pensée.

Adam et Ève, chassés du Jardin de l'Éden, après avoir erré longtemps, tombent épuisés de fatigue. Ève, la tête sur les genoux de son mari, pleure. Plus de joie, tout est fini, le paradis est fermé sur la terre.

Le décor sinistre est fait d'inquiétude. De hautes collines presque dénudées, sur lesquelles passe un dernier reflet de soleil, ondulent brusquement comme les vagues d'une mer désolée. La nuit vient et, avec elle, la tristesse. Une lune glacée se lève, déchirant de gros nuages noirs. Tout est lugubre.

Nudus in nuda terra, nu sur la terre nue, l'homme commence ses longs travaux d'expiation. La source de ses larmes ne doit jamais tarir. Toile d'une grande facture.

Le Divin Apprenti est un petit tableau de sainteté où le faire des précurseurs s'allie à tout ce que le féminisme peut contenir de pur et d'attrayant.

Saint Joseph, tenant entre ses genoux et ses bras l'Enfant Jésus, lui apprend à aiguiser un outil sur une meule primitive. L'enfant, admirablement peint et sur lequel se concentre un grand effet de

lumière, tient cet outil avec ses petites mains allongées. Un jet d'étincelles surgit à la rencontre de la
pierre avec l'acier, comme la lumière doit briller
à la parole du Sauveur. La Sainte Vierge, toute
blanche, debout, tourne la grande roue qui fait
mouvoir la meule. Pour elle, l'avenir n'est pas un
secret. La tête baissée, elle attache un regard douloureux sur les instruments de travail traînant
par terre.

Parmi des copeaux, le marteau, la pince, les
clous, dont la fatalité fera plus tard pour le Divin
Apprenti des instruments de supplice, sont groupés
par hasard autour du T qui ressemble à la croix.
L'aspect de ces objets est déchirant pour Elle qui
sait !... Belle œuvre due à Mme DEMONT-BRETON.

M. FANTIN-LATOUR, toujours lui dans le genre
souvenir, enveloppé, poétique, nous donne *la Tentation de saint Antoine.*

*Jésus victime, adoré par saint François d'As-
sise et saint Antoine de Padoue,* peinture veloutée de tons, bien modelée, très correcte et faite
dans la tonalité qu'exige le sujet, atteste le talent
distingué et de grande conception qui est le propre de M. Georges CLAUDE. Ici, du moins, il est
bien dans son jour et sous des yeux dignes de l'ap-

précier. Nous applaudissons à son heureux retour parmi nous.

M. Saint-Germier, dont nous ne contestons pas le talent, grandira beaucoup s'il ne méprise pas trop le sujet. Peindre pour peindre est un paradoxe. L'esprit veut sa part quand l'œil est satisfait. Sa *Confrérie dans le Baptistère de Saint-Marc* à Venise est un geste de peintre savant réclamant les récompenses qui lui sont dues.

A Venise aussi, dans une chapelle retirée, M. Bompard a peint une femme agenouillée s'appuyant sur un autel et faisant une *Prière à la Madone*. Les bougies allumées éclairent très bien la robe de soie rouge liliacée et le châle crêpe de Chine noir que porte cette femme.

L'an dernier, M. Cain obtenait une médaille avec *Saint Georges et le Monstre*. Les jurés avaient-ils eu peur? « Qu'à cela ne tienne », pensèrent quelques artistes, « s'il vous faut des monstres, on peut vous en servir! » Et, cette année, les monstres abondent, chacun avec leur saint Georges. Ils ont remplacé Jeanne d'Arc qui se démode un peu.

Le monstre de M. Bergès a des ailes d'oiseau, une queue de poisson, des bras d'homme, et des

mains gantées d'écailles. Comme monstre, il est
bien.

Ruth. Ce titre n'est pas assez justifié pour qu'on
puisse comprendre le tableau de **M. Raynolt**, sans
consulter le livret. Un personnage est couché,
qu'on ne voit guère, et une femme se dresse devant
lui au milieu d'un vaste paysage éclairé par la
lune. On devrait pouvoir dire « enluné » puisque l'on
dit ensoleillé : l'expression rendrait mieux l'impression produite par cette toile mystérieuse et
poétique.

PORTRAIT

Les portraits débordent au Salon de cette année. Ne nous en plaignons pas, il y en a de très beaux. Les femmes, en particulier, sont tout ce que l'on peut imaginer de plus séduisant.

M. HENNER en expose deux magnifiques, de sa grande manière. Peintre religieux, interprète de beautés sévères, il vient, sans se départir de son austérité, pousser une pointe dans l'essentiellement gracieux. Une draperie rouge jetée sur l'épaule, ses beaux cheveux en voile, *Madeleine M...* nous apparaît toute parée des splendides contours et des brillantes couleurs que, dans sa puissance, M. Henner ajoute à la nature en des attraits surprenants. C'est comme un rayon mystérieux qui tombe de son génie et divinise la beauté.

Sur un fond bleu, et s'encadrant de ses longs cheveux dorés, une autre enfant nous attire de

loin par son regard, doux et fier, déjà mélancolique. C'est Mlle *H. E...*, encore toute jeune,
car elle n'a guère qu'une douzaine d'années au
plus, malgré sa sérieuse robe de velours noir et
son air majestueux. Est-elle fille de quelque
duchesse? Nous l'ignorons, mais, en tout cas,
c'est une grande dame en herbe. Sa tête attend
une couronne. Son image est de celles qui se
gravent dans l'esprit de ceux qui les voient, et ne
peuvent les voir sans les aimer. C'est tout un poème
fait de douceur et d'espérance, la jeunesse fleuris-
sant sous le grand art : l'avenir mystérieux.

Le portrait de *M. Joseph Bertrand*, de l'Académie Française, est dédié par M. BONNAT « à son
amie Thérèse ». Maîtresse œuvre où se trouvent
accumulées toutes les énergies dont le maître a
fait preuve dans sa première manière. C'est vigoureux et très beau.

Mlle B... est en robe de satin blanc, avec draperie de tulle retenue au corsage par une rose.
Une fleur semblable se retrouve dans ses cheveux
châtains, disposés en bandeaux courts. La jeune
fille, vue presque de profil, tient un éventail de
plumes blanches. Elle est assise sur un canapé
Louis XVI, dont les ors se taisent à propos. On
aperçoit un peu de la partie cannée entre les cous-

sins moelleusement groupés ; cela rompt avec grâce la monotonie des tons fondus. Une écharpe se mouvemente sans fracas sous le coude du modèle. Belle et pensive comme la jeunesse sérieuse, encore une enfant, avec son doux sourire, elle sera l'épouse de demain, mais elle ne s'en doute pas. C'est le printemps en fleur, qu'un bel été doit suivre.

Bien vrai, très serré de dessin, sans dureté, respectueux de la couleur, voilà le faire de M. Lefebvre. A force d'étude, de science, il arrive au simple, ce qui est excessivement difficile, on ne le croirait pas. Cette simplicité, qui donne une exquise noblesse au talent du maître, marque ses œuvres au coin du grandiose et les distingue entre toutes... Il sait parer les femmes, qu'il traite religieusement, d'une dignité féminine toute particulière.

Quand cette grande puissance de simplicité, qui est le propre de M. Lefebvre, s'applique au genre masculin, elle lui donne une autorité imposante.

Nous ne prétendons pas, ici, enlever à *M. le comte B. de C...* rien du cachet de distinction qui lui est personnel, conséquence de ses origines ; mais il est bien évident que le maître donne au portrait qu'il nous montre une dignité telle que rien ne la saurait dépasser. Cela, sans aucun rehaut de décor, ni de costume à effet.

Sur un fond de rideau très calme, le jeune homme

de l'avenir. Il songe à la patrie, que ni lui, ni sa famille, ne purent faire heureuse. C'est bien un fils de roi rêvant sur le tombeau de la royauté.

M. Benjamin-Constant expose aussi le portrait de *M. Chauchard* qui peut se regarder sur cette toile, comme dans sa glace. Expression de la volonté triomphante, cet homme puissant sut agglomérer l'or par la fusion des produits de l'industrie. Et maintenant que chez lui l'esprit revendique ses droits, il ouvre sa riche cassette aux arts.

Le grand portraitiste a fait œuvre de maître en prouvant qu'il peut peindre avec un égal succès l'homme de la pensée grandiose et l'homme de l'action puissante.

Un portrait que le public et la Presse ont couvert de justes applaudissements est celui de *M. Pierre Laurens*, peint par son père J.-P. LAU-RENS. D'un modelé solide et d'un faire calme, en jersey blanc grosses côtes et casquette velours chasseur inclinée sur l'oreille, l'air décidé, les cheveux frisés sur le front, le jeune et gentil garçon, immobilisé sous l'œil paternel, a grande envie de pédaler. C'est enlevé, très remarquable.

Nous voyons *M. André H...*, tenant un fleuret dans sa main gantée ; sur un divan, un autre fleuret est jeté. Le rideau de fond tout en teintes douces, laisse le personnage en scène. Il est élégant et bien découplé dans un costume de salle d'armes, culotte et bas gris, chemise de flanelle. Nous n'avons jamais eu le plaisir de rencontrer le fils de M. F. Humbert et nous ignorons si l'amour paternel ne s'est pas glissé dans les pinceaux de l'artiste, mais ce gentil garçon, aux cheveux noirs, à l'air intelligent, aux yeux vifs, à la barbe naissante, est vraiment séduisant. On dirait que du sang espagnol coule dans ses veines, tant les reflets de son teint sont chauds. Il fait honneur au peintre et au père, ses auteurs. La mère est très jolie, paraît-il, ce qui lui donne un rôle important de collaboration à l'œuvre.

M. Humbert possède un talent onctueux qui s'applique spécialement à l'interprétation des élégances.

*M*ᵐᵉ *la comtesse de B...*, peinte par lui, est une de ces toiles luxueuses dont on orne les châteaux. Floue, mais pas trop, ferme de lignes sans sécheresse, d'un faire galbeux, l'œuvre se tient dans des teintes heureuses.

La comtesse est vêtue d'une robe de satin blanc recouverte de tulle brodé d'argent. Sa jolie taille, mince à prendre dans un bracelet, s'élance avec souplesse sous un riche corsage. A son opulente chevelure châtain se mêlent une fine aigrette blanche et les nuances rosées d'une orchidée. Sa sortie de bal, en peluche bleutée doublée d'hermine, s'entr'ouvre. La fourrure est traitée merveilleusement. Les broderies, le tulle, sont légers, toutes les étoffes moelleuses et très réelles malgré leur sobriété de ton.

Le fond gris, discret, le tapis d'Orient qui s'étend sur le sol, le vase bleu posé sur la table, tout forme un ensemble aussi savant qu'harmonieux.

Le portrait de *M. C...*, gouverneur général de l'Algérie, avec sa carnation bien saine, sa moustache fine et blonde, ses cheveux où se glissent déjà des soupçons de blancheur, n'est pas seulement un portrait, c'est une biographie, tant l'esprit, le tact, sont rendus intelligibles sur ce sympathique visage. Le sourire est malin, presque inquisiteur. L'expression générale indique la bonté ; mais la bonté clairvoyante, salutaire. Derrière le lorgnon, l'œil bleu, grand ouvert, nous regarde en vrille jusque dans le fond de la pensée. C'est une très belle toile d'aspect brillant et d'étude ferme, par M. Gabriel Ferrier.

Philippe Cluvier a-t-il été jamais aussi « lui » en réalité que sur la toile où l'inspiration de M. Roybet vient de fixer à jamais son image ? Le penseur, teint bronzé, tête haute, va droit à la postérité comme une flèche à son but. Non, non, nos vieux maîtres n'ont pas mieux fait.

Le portrait de *M. Alphonse Lamotte,* le célèbre graveur, peint avec entrain, est absolument étourdissant de ressemblance. C'est bien vrai, c'est bien peint, enfin c'est du SAINTPIERRE.

M. Léon COMERRE ferait-il le portrait de gros messieurs célèbres, bien laids, ou de vieux savants ratatinés comme des pommes cuites oubliées au four ? Nous l'ignorons, et lui aussi, sans doute, car il n'a jamais eu le temps de se poser cette question. Une quantité de jolies personnes se pressent sous ses pinceaux. Il les copie, leur ajoute l'inexplicable séduction qu'il détient sur sa palette et qu'il leur donne à tout jamais.

Mme la marquise de M... a voulu, pour affirmer sa qualité de jolie personne, être peinte par le spécialiste de ce genre. Comme une fleur dans un vase, elle s'épanouit dans son léger cadre ovale, blanche, nacrée avec sa bouche rose au sourire fin, ses grands yeux noirs, sa chevelure épaisse plus noire encore. Elle est en rose, corsage recouvert d'une mousseline de soie semée d'or, revers de velours rose. Des dentelles anciennes se soulèvent sur sa poitrine et sur ses bras nus. Une sortie de bal en hermine tombe de ses épaules pour disparaître à temps. L'étoffe qui s'aperçoit au fond, dans les tons intermédiaires, se garde bien de trop se produire : c'est adorable et voilà tout.

Mais M. Comerre n'est pas seulement le peintre des jolies femmes ; c'est aussi celui des petits et grands bébés, qu'il interprète d'une façon ravissante. Voyez plutôt son *Portrait d'enfant*, Mlle Geo, qu'il nous a montrée déjà sous d'autres aspects.

Depuis la naissance de la petite fille, il la suit de ses pinceaux dans tous les développements de sa beauté, depuis le bébé jusqu'à la fillette. C'est une série de ravissements dont le dernier est le plus grand. La blondine, intelligente et fière, bien droite dans sa robe de mousseline à fleurs, a tout l'air d'un ange habillé en enfant, malgré la solidité de dessin et de couleur qui caractérisent le jeune maître. C'est d'une suavité de touche, d'une allure presque aérienne : exquis. Et nous le dirons, au risque d'exaspérer les fanatiques des morts, nous aimons mieux cela qu'un Vélasquez. C'est moins rigide et plus vrai. Plusieurs siècles n'ont pas besoin de passer là-dessus, ce nous semble, pour qu'on ait le droit de proclamer que c'est beau.

La jolie *Mme A. R...*, dans sa robe verte soyeuse, un bouquet de lilas et d'acacia jaune attaché par un ruban mauve à son corsage, fixe sur nous ses beaux yeux noirs. Elle pense, elle parle et, dans sa riche toilette au franc coloris, prouve que M. BARRIAS, enthousiaste et sincère, anime toujours ses œuvres d'un souffle de vie.

M. CHARTRAN, monopolisé par l'Amérique qui pleut en or sur lui, nous montre *le juge Bennett*, doyen de l'Université de Boston. Composition simple sur fond blanc : toute l'âme est dans les yeux.

Mme *X...* est représentée par M. WENCKER assise sur une bergère bleue et vêtue de velours rouge, tenant d'une main son éventail, de l'autre repoussant son manteau.

Autour du décolleté court une gaze noire qui va se nouer hardiment sur l'épaule. L'ovale du visage est gracieux, aimable, le teint transparent, l'expression attrayante. Le personnage s'enlève, sans se découper, sur un fond solide.

M. Wencker est un artiste dont le public ne se préoccupe pas assez. Il y a en lui l'étoffe d'un grand maître, auquel un succès éclatant manque encore pour se manifester entièrement. C'est un inquiet qui doit se méfier du découragement, l'ennemi des modestes.

L'envoi de cet intéressant artiste se complète par le portrait du *marquis de M...*, en capitaine de dragons, très beau brun qui porte l'uniforme sans rigidité ni abandon. Le talent sérieux et souple du peintre se prêtait à l'interprétation de cette figure énergique et douce à la fois, yeux noirs, regardant bien d'aplomb, éclairant un teint chaud. L'attitude fière, sans affectation, indique la vaillance.

Le portrait que M. BASCHET a fait de *Mme P...* nous la montre brune, avec de grands yeux noirs très beaux, des lèvres épaisses comme en ont, à ce qu'on dit, les personnes aimantes. Une fanchon de dentelle noire enveloppe sa tête aux cheveux épais. Son fichu de tulle blanc orne bien sa robe de soie changeante, nuance vanille. Ce portrait est petit, soigné, parfait.

M. MACHARD ne peut certes être amoureux de toutes les femmes qu'il peint. Pourtant tous ses portraits sont faits avec amour et c'est ce qui les distingue des autres. Ils ont l'étrangeté troublante de la Fornarina peinte par Raphaël qui lui fit un bracelet de sa signature.

Remarquez *Mme J. M...*, aux cheveux blancs ou poudrés, aux yeux d'une inexprimable douceur.

Il semble que des paroles tendres peuvent seules s'échapper de ses lèvres de corail rose.

Et l'autre $M^{me} P...$, dont on ne voit que les grands yeux noirs dans son visage tout fait de lumière, représente-t-elle assez une femme adorée?

M. Lévy, occupé sans doute à quelque œuvre magistrale comme il les sait faire, ne nous donne cette année que le portrait de $M^{me} D...$ Mais l'on retrouve dans l'image de cette belle personne toute la vigueur, la finesse, le coloris qui sont la force du maître. Il y avait autrefois, à Chenonceaux, une collection de portraits de femmes plus belles les unes que les autres. $M^{me} D...$, avec ses grands yeux profonds, ses beaux cheveux, ses chairs vivantes et lumineuses, la riche couleur de son costume rouge ombré, la mousseline brodée d'or qui court sur son corsage d'un vert étrange, tout fait bon effet dans cette quintessence de la beauté féminine. L'œuvre, traitée à la Murillo, est un tableau plutôt qu'un portrait.

M. Brozik expose le portrait de sa fille, jeune et très séduisante dans son costume d'hiver, chapeau, vêtement, manchon sombres. Le visage seul, très joli, est en lumière.

M. Glaize s'occupe toujours de son important
tableau : *l'Ouverture de l'école des Chartes par
M. de Salvandy*, toile hérissée de difficultés par
la nécessité de portraiturer des sommités dis-
parues. Aux prises avec le presqu'impossible de
sa mission délicate, il expose pourtant le portrait
de *M. Saint-Saëns* dans son habit d'académicien,
tenant à la main son chapeau, nous regardant bien
en face. Il est debout, très digne. Son front où la
pensée rayonne, son œil profond, plein d'amour
pour l'art et de tendresse pour ses amis, tout est
parfaitement compris par M. Glaize. Au cou, le
ruban de commandeur ressort dans l'austérité de
l'ensemble. Un fond très solide, mais réservé, n'al-
tère en rien l'effet de cette belle toile.

M. Dantan a parfaitement saisi le statuaire
Paul Aubé dans son atelier, retouchant le plâtre
d'une coupe qui se retrouve au fond, peinte en brillantes couleurs, sur un tableau de M. B. Desgoffe.
Scène intime, artiste peint par un ami qui s'efforce
de fixer sur un coin de toile une image chère,
c'est mieux que bien peint, c'est aimé. La
bibliothèque, les meubles de travail, les outils
favoris, et les innombrables accessoires indispensables au statuaire, sont reproduits fidèlement.
Maquettes, esquisses, modèles, autant de souvenirs touchants, rappellent de bons camarades dis-
parus, ou le point de départ de grands travaux

comme le Dante ou le buste de Gambetta, dont le monument se dresse sur la place du Carrousel, toutes œuvres de M. Aubé.

Une bibliothèque aux vitres doublées de rideaux à carreaux blancs et rouges, un tapis de table, où le rouge rappelé se retrouve tamisé, égaient les tons calmes de l'atelier. Ce tableau est un des meilleurs de M. Dantan.

M. Gilbert expose le portrait de *Mariette*, jolie blondine aux cheveux soyeux et brillants, coupés en frange sur le front, et tombant bouclés autour du cou. Le teint est ambré, les yeux noirs sont vifs. La bouche caressante indique des trésors de bonté. L'enfant porte une robe de velours noir, garnie de castor. Le fond et le tapis vert jettent sur l'ensemble des teintes correspondantes rosées qui font très bien.

M. Renard travaille dans les flots de lumière qui se précipitent sur son chevalet, lumière sur-chauffée par le creuset Paris, au centre duquel est l'atelier du jeune peintre. Il demeure en pleine cité. Son *Commandant de Meaux-Saint-Marc, officier d'ordonnance du Président de la République*, est superbe avec sa belle tête, ses cheveux argentés, ses moustaches blondes, ses yeux noirs incisifs. Sur la poitrine, près des aiguillettes d'or, brillent trois décorations. Les gants, la cigarette, le képi au plumet bleu sont bien rendus.

Le commandant, avec cette image sympathique, souriante, va se faire autant d'amis nouveaux que M. Renard se fera d'admirateurs. Ce n'est pas peu dire.

Nous avons au Salon le portrait d'une des célébrités les plus intéressantes de notre époque, *M. Osiris.*

Dans une ère pratique, positive, où la rage de la locomotion empêche de penser, on croirait que l'imagination perd ses droits. Point du tout, les Parisiens sont avides de merveilleux comme devant. Et M. Osiris, personnage à l'existence duquel personne ne croira quand il aura disparu, leur inspire la plus vive sympathie. Risquons donc une digression à son endroit.

On sait que ce galant homme obtint la permission de porter légalement ce nom que lui avait donné sa mère pour l'accomplissement d'un vœu. Mme Ifla était... les Anglais diraient « in family way », en route pour la famille; les Allemands diraient : « in Hoffnung », dans l'espérance; deux expressions très poétiques; mais notre français positif nous force à dire tout simplement qu'elle était « grosse ». Elle avait promis de donner à son enfant le nom d'Osiris si le vaisseau portant ce nom se sauvait du naufrage où le jetait une tempête horrible. Le vaisseau et les passagers furent sauvés et le bébé fut appelé Osiris, nom euphonique d'un dieu de l'ancienne Égypte.

On le voit, déjà dans le sein de sa mère, l'enfant fut aimé de la Providence qui ne cessa jamais de lui être clémente. Maintenant, comblé des dons de la fortune, il s'efforce, à son tour, d'être providentiel à sa manière. Il serait trop long d'énumérer ici la liste de ses libéralités. Chacune d'elles porte le cachet de son individualité, respectueuse du passé comme son homonyme de l'antiquité.

Il appartenait à M. BISSON, peintre essentiellement parisien, de fixer sur la toile l'image de ce personnage presque féerique, qui a pour lui l'esprit, l'intelligence, l'amabilité, la bonté.

Debout, vêtu d'un costume bleu foncé, il se détache sur un fond de tapisserie ancienne. Le large cadre donne de l'ampleur à la peinture où M. Bisson fait preuve de nouvelles et grandes qualités. Cette œuvre restera forcément parce qu'elle rappellera le passage ici-bas d'un homme qui, par ses bienfaits, aura gravé son souvenir dans la mémoire du peuple.

Une jeune femme, Mme *J. D...*, vêtue d'une robe de gaze noire qui laisse voir de jolis bras ronds, est assise de profil par M. J. BENNER qui l'a peinte toute de grâce.

Une belle tête que celle de l'orateur *Antonio-Candido*, par M. SALGADO.

Rodolphe, jeune homme à barbe blonde, à carnation tout à fait anglaise, cravate noire et béret noir, sort avec plein succès des pinceaux de M. E. CABANE.

M. Truffier, repassant son rôle devant la statue de Voltaire, est bien pris par M. BÉROUD, qui se révèle à nous très heureux dans les petites toiles.

Mlle Maximilienne GUYON, mise hors concours très jeune par la médaille d'argent qu'elle obtint à l'exposition universelle de 1889, seule femme à qui la bourse de voyage fût jamais accordée jusque là, est une belle personne aux cheveux noirs, aux yeux de velours. Son caractère aimable, énergique, se retrouve dans la peinture qu'elle a faite d'elle-même, assise sur un tabouret, se dessinant sur un fond ménagé vert très tamisé. Une chaîne d'or où pend un médaillon est son unique ornement. La note ferme est celle de son vêtement de velours. Très bonne toile.

Beau portrait, celui du *général Passérieu*, par M. TRUPHÈME.

M. Fugère, de l'Opéra-Comique, signé E. ZIER, est d'une ressemblance parfaite.

M. VASSELON, artiste consciencieux et travailleur, nous fait faire la connaissance de sa fille *Gabrielle*. Elle est jolie, bonne, charmante. Son excellent portrait le dit clairement.

M. DUBOIS-MENANT expose un portrait frappant de *M. Jules Verne*.

Quelle jolie femme, en costume de loutre, nous montre là M. Richard HALL ! Mme *la baronne de X*.

M. BONHOMME imite Henner, sans le vouloir peut-être, mais cela lui réussit : le portrait de sa *Mère* charme tout le monde.

La dame prenant une prise, portrait par Mlle Tailleférié, est réaliste, mais correct.

*
* *

C'est un difficile travail que l'organisation du Salon, surtout quand un tiers du Palais est en démolition et qu'un autre tiers est fermé aux artistes français par des motifs absolument inconnus, — oui, inconnus, puisque ce tiers est inoccupé, comme nous l'avons dit déjà.

Le secrétaire général de la Société des Artistes français, M. Vigneron, occupé dans les bureaux, dans les salles, submergé par des flots de demandes, de réclamations, est presque fou d'esprit, et à moitié mort de corps ; mais il est si vaillant !

M. Prétet, commissaire général, chargé du placement, n'a plus de jambes, et sa tête est perdue, mais il est si courageux !

M. Bisson, chargé du placement des œuvres, n'est tué qu'à demi, il est si jeune, si enthousiaste ! Ces malheureux ne dorment plus, ils ont la fièvre.

MM. Michel et Laurent, à qui l'on a mis sur les bras tous les bronzes, les marbres et les plâtres, sont complètement écrasés, c'est fini. On leur demande à tous des miracles, et ces hommes de grand dévouement en accompliront. Comme la femme de Sganarelle qui se plaignait d'avoir trop d'enfants sur les bras, ils s'écrient :

« Nous avons trop de tableaux à placer. »

6.

L'Administration répond comme Sganarelle, et sans pitié :

« Mettez-les par terre. »

« Ils me demandent du pain », disait encore la femme de Sganarelle.

« Donne-leur le fouet », répondait celui-ci.

« Les tableaux ont besoin de place », disent les organisateurs du Salon.

« Il fallait les refuser », répondent les fermeurs de portes.

On en a pourtant refusé beaucoup de ces malheureux peintres, des médaillés, des artistes sérieux. Les jurés ont terminé leurs opérations le cœur serré, les larmes aux yeux.

Le cimetière est jonché du débris des illusions.

On le sait, d'après le règlement fait pour 1897, 1800 artistes pouvaient seuls être reçus, le 1801ᵉᵐᵉ, fût-il Fra Angelico, devait être jeté dehors sans pitié. Ce chiffre fatal, gros de désespoir, est resté pour désigner les victimes de son injustice. Et l'on nomme les 1801ᵉᵐᵉˢ les malheureux qui se suicident après avoir été repoussés au Salon, pour cause de chiffre.

Pendant les deux premiers jours, les jurés s'étaient montrés terribles.

Mais ils ont eu le cœur si gros au spectacle douloureux de leurs exécutions que, pendant les deux derniers jours, ils ont eu des indulgences inattendues. Plusieurs mauvaises toiles, dit-on, se

une place relativement petite. Le conserver eût été
de toute sagesse. Les Champs-Élysées étaient assez
vastes pour qu'on y pût établir quand même les
palais projetés, dont l'avenir prouvera peut-être
l'insuffisance.

Les gouvernements nouveaux ont, par les
hommes qui les servent, leur âge comme les gens.
Tout petits, après la chute des empires, ils ont
commencé par jouer avec le feu en brûlant un peu
de Paris. On les a punis, puis on leur a pardonné.
Devenus plus âgés, ils jouent à détruire sans
savoir tout à fait encore ce qu'ils font. Car, s'ils
réfléchissaient, ils ne voudraient pas affamer des
foules de travailleurs pour le plaisir de démolir
leur maison avant qu'ils en aient une autre à leur
donner. Mais aux Champs-Élysées, comme aux
Tuileries, les enfants aiment à remuer le sable avec
des pelles et des petits seaux, à confectionner
des pâtés de terre pour avoir la satisfaction de
contempler leur ouvrage, quitte à le renverser après
d'un coup de pied. Les parents se plaisent à les
regarder faire, et si parfois ces jeux les gênent,
ils se résignent. Mieux vaut un enfant turbulent
qu'un enfant malade.

Ainsi fait le bon peuple. Si la République était
menacée de quelque guerre, le mal serait bien

plus grand. Il faut que les enfants s'amusent et que jeunesse se passe.

Les bébés d'aujourd'hui deviendront peut-être avec l'âge de grands hommes plus tard.

SALON DE 1898

ALLÉGORIES

L'adolescente de M. Bouguereau est assise au milieu d'une nuée d'amours qui l'assaillent et qu'elle ne voit pas, mais dont elle entend les paroles, dont les soupirs l'effleurent, tous dans des attitudes différentes, tous séduisants. L'un s'abandonne doucement comme un enfant gâté sur les genoux de la jeune fille ; l'autre, voltigeant près d'elle, lui envoie un baiser. Celui-là, les mains jointes, la supplie comme un mendiant. Étonnée, elle porte la main vers son cœur qui commence à battre. Tout est blanc autour de ses chairs jeunes et enfantines : les bandelettes qui entourent sa chevelure, sa tunique, les ailes des amours. Tout est pur de dessin, gras de modelé et fini dans la perfection. C'est l'*Assaut* éternel de la Jeunesse par l'Amour.

M. Bouguereau a peint aussi l'*Inspiration* assise, accoudée sur le coin d'un autel antique. Elle tient d'une main son stylet, de l'autre elle s'appuie sur ses tablettes. Son manteau, d'une étoffe irisée, retombe sur ses genoux, dégageant sa tunique blanche. Autour d'elle fleurissent des lauriers. Son teint ambré, très chaud, révèle une flamme intérieure. Elle est pensive, et fixe sur nous ses grands beaux yeux noirs. Un fond de feuillage, avec une percée de ciel bleu, la laisse bien en valeur. C'est du grand art, dans toute l'acception du mot.

En visitant M. HENNER, pour voir les œuvres qu'il devait envoyer à l'Exposition, nous avons aperçu le tableau qu'il destine à la Sorbonne et nous ne résistons pas au désir d'en parler ici. Cette toile sublime représente *la Vérité*. Majestueuse, d'un mouvement calme et noble, elle soulève légèrement sa longue chevelure encore humide, qui glisse en voile sur ses épaules. Sortie de son puits, elle descend de la margelle sur des degrés de pierre, et vient à nous. Imposante dans sa perfection et son absolue nudité, c'est bien la Vérité puissante, force des faibles, triomphe des forts, qui défie les hideurs du mensonge et leur fortune éphémère, celle qui, après s'être trop longtemps cachée, entend gouverner désormais le monde par le charme de sa beauté. Elle est seule sur un fond de ciel bleu clair, de ce ciel auquel elle appartient. Le monde du passé finit là. Elle s'impose à l'avenir.

Que de philosophie et d'enseignement dans l'émotion produite par les pinceaux d'un tel peintre !

La Société des Artistes français accorde à M. CORMON une salle tout entière pour la *Décoration destinée au Muséum*, développement en onze panneaux des différents âges de l'humanité : l'homme primitif, l'âge de pierre, l'âge de bronze, l'âge de fer. Comme plafond, l'apothéose de la Grèce, un laurier à la main, entraînant les peuples aryens, sémites et nègres, vers la lumière de la civilisation.

S'il est une planète où les femmes ont l'air de fleurs, où les étoffes sont tissées de lumière, d'air et de reflets du soleil couchant, où les âmes toutes heureuses se voient sur les visages, où l'air n'est qu'un immense souffle de bonheur et de jeunesse, M. Gabriel FERRIER, bien certainement, vient de cet astre-là. Ses yeux en ont gardé la vision, et il la reproduit de bonne foi sur ses tableaux. De là le charme intense sous lequel il tient son public.

Il nous montre cette année cinq créatures idéales : une d'un châtain de crépuscule, une d'un rouge coucher de soleil, une blond doré, une blond lunaire. Elles ont trouvé, sur une table couverte d'un tapis vert broché d'or, des raisins, des abricots, des pêches, des amandes vertes, inconnues sans doute dans leur planète, car elles y goûtent avec une gourmandise d'enfant. Une sorte d'esclave brune, coiffée d'or, promène dans la pénombre du fond sa gaie silhouette. N'attendez pas de nous la description des soies, des gazes, des joyaux, des chairs, des sourires, des regards astrals qui accommodent ce plat céleste. Il faudrait un poète du pays pour cela. Qu'il vous suffise de savoir que nous avons passé dans la contemplation d'*Heure de Jeunesse* un de ces instants dont on garde précieusement le charme dans son souvenir.

Une *Pensée d'amour* passe sous le front d'une femme à la chevelure flamboyante, aux yeux bleus vifs. Elle regarde dans le vague, une plume à la main, et cherche des mots pour exprimer ce qu'elle pense... L'Amour lui souffle tout bas à l'oreille ce qu'il faut écrire à l'aimé. Exquise composition de M. G. Ferrier.

Le Rêve d'Eros. Après l'effort d'un grand coup de flèche, l'Amour, sans lâcher son arc, s'est endormi ; mais son aile blanche palpite jusque dans le sommeil. M. Machard, tout à l'amour, tout à la beauté, est bien dans le rôle du peintre,

La Chanson de l'épée (Siegfried), de M. Chartran, rappelle par sa personnification Mme Sarah
Bernhardt.. On suppose que l'épée vient d'être
trempée au brasier dont on voit la lueur à gauche,
et que, pour la première fois, l'homme va s'en em-
parer. La scène se passe dans l'anfractuosité d'un
rocher. Tableau de maître.

« Soleil! tes rayons d'or ont fait vibrer la lyre »,
dit M. Demont. Sur de hauts sommets, le soleil se
couche. Des torrents de lumière enveloppent le
paysage. Apollon, vu comme dans une pluie de
feu, lève la tête vers l'astre et chante l'*Hymne au
soleil* dont les rayons se répètent en vibrations
sonores dans le son de sa voix et sur les cordes de
la lyre qu'il tient. C'est l'harmonie de la nature
entière dans une explosion de lumière. M. Demont, par sa peinture méditative, sait donner un
charme enveloppant à la philosophie profane ou
religieuse qu'il mêle à ses paysages. C'est comme
l'écho lointain des voix de l'univers.

Le plus grand des panneaux que M. R. Collin
exécute pour la décoration de l'Opéra-Comique :
*les Harmonies de la nature inspirent le compo-
siteur,* s'exprime par deux muses : l'une jouant de
la lyre, l'autre chantant. Elles flottent dans l'espace, inspirant le poète. Celui-ci, vêtu d'une longue

robe blanche comme en portaient les moines au temps de Louis XIII, est dans un jardin intime tout imprégné de la fraîcheur de l'aube. Chaque arbre semble être un ami pour lui. Il baigne son front dans leur haleine parfumée et subit, on le voit, l'influence des deux muses qui murmurent à ses oreilles leurs pensées chantantes.

Dans une autre composition, M. R. Collin fait passer gaiement sous un pommier fleuri la *Chanson légère* par un matin d'avril, son chapeau plein de fleurs, enfilé dans son bras par les brides, comme un panier. Fraîche apparition, belle comme la jeunesse, attrayante comme l'amour. Sa robe blanche tremble sous la brise en caressant l'herbe. Ce tableau est bien fondu dans la lumière matinale. M. Collin, à la palette raffinée, aux pinceaux souples et légers, entend l'idéalisme d'une façon tout à fait abstraite.

Ces mêmes aptitudes spéciales se trouvent dans une autre œuvre, attendue comme la première par l'Opéra-Comique et que l'artiste n'expose pas : *l'Ode,* sorte de Sapho, belle, brune, vue de profil perdu, errant au bord d'un lac, au déclin du jour, la lyre à la main et la poésie aux lèvres. Mais que deviendront ces beautés sous les brutales lumières artificielles? Grave problème. Le jeune maître emploie tout son art à résoudre la question.

Le Chant des muses éveille l'âme humaine. Au centre du tableau, une femme nue, agenouillée, écoute, inspirée. De forme et de couleur, c'est une beauté. Autour d'elle, se lève l'Humanité, qui commence à sentir en soi naître la pensée, pendant que passent dans l'air les Muses. Elles emplissent de leurs voix harmonieuses tout le ciel qui s'esquisse en bleu, et finit en rose, après avoir passé par le vert tendre. Belle conception de M. ROCHEGROSSE.

M. Henri MARTIN, dont la manière semble se modifier légèrement et s'éloigner du bâtonnage vibrant, nous donne une œuvre que nous préférons de beaucoup à ses toiles précédentes : *Clémence Isaure apparaissant aux troubadours.*

L'association du Gai savoir se composait de poètes toulousains qui se disputaient, dans des concours, la violette d'or. L'usage périclita bientôt et Clémence Isaure, pour assurer l'exécution de ces jeux floraux, employa sa fortune, en partie du moins, à fonder trois prix : la violette d'or, l'églantine, et le souci d'argent. On cherche en vain à reléguer dans la légende ce fait, dont les actes de donation font foi. Donc Clémence Isaure, en costume du XVIᵉ siècle, couronnée de violettes, une pensée à la main, sort d'une touffe de lis et s'élance dans les airs. La Tristesse, la Jeunesse et la Joie, inspiration des poètes, volent à sa droite,

et des lauriers-roses imprègnent l'air de parfums.
Les troubadours, tout de rouge vêtus, sont sur la
lisière d'une sapinière qu'enflamment les derniers
rayons d'un soleil couchant. La Garonne glisse au
second plan, et Toulouse s'esquisse dans le lointain, sous un ciel limpide. Les personnages sont
vivants, bien dessinés. Le poète Henri Martin a
fait des concessions au peintre sans rien perdre
de ses droits. C'est tout bénéfice pour l'art.

Très belle, *Andromède,* dans une poudre d'eau
qui se mêle avec bonheur au brouillard de ses
cheveux! On n'arrivera jamais à faire aussi nuageux que M. Fantin-Latour.

L'œuvre gigantesque de M. Danger : *les Grands
artisans de l'arbitrage et de la paix,* tableau dédié à la Russie pour glorifier la mémoire du
grand arbitre Alexandre III, est une des pages
les plus importantes du siècle. Au premier plan,
nos philanthropes contemporains ; au dernier, les
anciens philosophes. La République se voit dans
le groupe de gauche, près des quatre femmes qui
seules figurent dans le tableau. L'horizon s'illu-
mine d'une aurore nouvelle; un navire en par-
tance va porter l'arbitrage au delà des mers.
C'est conçu largement, exécuté sans défaillance.

La *Nymphe des eaux,* par M. L. Perrault, belle jeune fille nue, accroupie sur le sable que fouettent les vagues, écoute le bruit de l'air dans un coquillage.

Dans le Jugement de Pâris, composition bizarre gracieusement exécutée par M. Gervais, la légende se frotte à la réalité par des côtés piquants. Vénus, qui a changé pour la circonstance sa blonde chevelure traditionnelle contre des cheveux châtains, comme les Parisiennes les ont presque toutes; est heureuse d'avoir reçu *la Pomme* d'un berger naïf. La seconde déesse cueille elle-même des pommes ; elle en prend beaucoup. La troisième, c'est Ève qui fait goûter la pomme à Adam. Celui-ci s'arrache les cheveux, après l'avoir portée à ses lèvres.

Ce fruit défendu, n'était pas bon, paraît–il. A gauche, dans un arbre, le serpent fait des bonds joyeux. L'ensemble est des plus agréables à l'œil.

Sous les pinceaux de M. A. Laurens, trois sveltes formes de femmes, enveloppées de gazes vertes et mauves, passent dans un bois sur des ronces fleuries. Le vent fait onduler leurs silhouettes et flotter leurs chevelures. Peinture originale, symbolique, très agréable.

Voici, de M. Béroud, l'*Éternelle chaîne*. Malgré ses efforts constants, ses travaux herculéens, c'est pour la première fois que cet artiste met vraiment dans le noir. Oui, son grand bonhomme, haut comme la salle, colossale académie autour de laquelle court une guirlande de femmes « in na turalibus », est une composition originale, sans complication fatigante, et exécutée avec un incontestable talent.

La vaste toile de M. Sinibaldi : *les Sciences et les Arts présentent leurs découvertes à l'Industrie,* est le travail sincère d'un artiste consciencieux qui n'épargne ni le temps, ni le talent. La toile est destinée au Ministère du Commerce.

Une étoffe verte, que retient un ruban et un pan de gaze d'un vert plus clair, s'enroule autour d'une jeune femme aux cheveux blonds traversés par un ruban rose flottant au vent. Elle passe près d'un lac, entre les roseaux, légère comme la libellule dont elle a les ailes. Dans cette névroptère, *Ephémère*, M. Bisson ne perd pas de vue l'attrait spécial de la femme : le charme.

Il expose aussi *Son troupeau,* mené par une bergère d'un nouveau genre, tunique mauve ceinte d'un ruban jaune. Elle incline sa jolie tête qui se

trouve ambrée par son épaisse chevelure. Le sus-
dit troupeau se compose d'amours, et la suit partout où elle le mène avec une branche de pommier
en fleurs, prenant ainsi de l'avance sur Ève qui
n'aura que les pommes.

Et l'on s'étonne que les toiles de ce peintre trouvent tant d'amateurs !

Les Songes, plafond de M. MARIOTON, représente
une blonde endormie sur des pavots ouverts. Ses
rêves, sous des formes féminines, s'envolent dans
les airs poursuivis par Eros. C'est aérien, transparent de couleur et plein de fraîcheur.

La Lyre immortelle, guidée par les pinceaux de
M. Abel BOYÉ, suit lumineuse le cours de l'eau,
attirant à elle les cygnes des lacs, les nymphes des
bois.

> D'Orphée au chant divin, l'âme s'enfuit dolente
> Et la lyre est au gré des flots silencieux ;
> Mais sa plainte d'amour, harmonieuse et lente,
> Charme encor le rivage et monte vers les cieux.

Moralité : la poésie existe en dehors de nous et
survit aux poètes morts. Cet ange gardien de
l'âme a par bonheur une forte constitution qui lui
est indispensable dans notre siècle « teuf teuf ».

M. Bussière nous montre avec succès *l'Épopée.* Grandes ailes d'or déployées, une palme d'or â la main, elle précéde les héros dont la foule se perd dans l'ombre.

HISTOIRE

M. J.-P. Laurens expose un des panneaux qu'il destine à l'Hôtel de Ville : *l'Arrestation de Broussel* par Guitaut de Comminges, scène de la Fronde, puissamment rendue. Des gardes s'échelonnent depuis le haut d'un escalier qui descend à gauche, jusque dans la cour, où nous pouvons les apercevoir derrière une palissade. Ils retiennent en haut les femmes éplorées, les menaçant de leur hallebarde, et repoussent sur les marches le fils de Broussel. Celui-ci, noble et résigné, descend les degrés sans hésitation. Comminges, tout en noir, occupe le centre du tableau. La composition est mouvementée, l'exécution très large comme armes, étoffes, accessoires, fond, carrelage même. Nous préférons les tableaux de M. J.-P. Laurens à ses décorations, opinion toute personnelle, d'ailleurs. C'est peut-être une hérésie.

Le superbe Detaille : *Châlons*, ne rappelle en

rien le maître que nous connaissons et n'a pas moins une grande valeur artistique. Le huit-ressorts qui ramène de la revue, entre deux haies de troupes, l'Empereur et l'Impératrice de Russie, se silhouette sur l'embrasement d'un soleil couchant. Salvator Rosa avait de ces effets mouvementés, vigoureux et chauds.

Une perquisition sous la Terreur est reproduite avec la perfection habituelle à M. Tony ROBERT-FLEURY, dessin correct, couleur juste, savante composition. On revit avec le peintre cette époque de larmes et de sang, on tremble pour les malheureux suspects menacés de la guillotine. C'est un chapitre d'histoire bien écrit.

M. Hector LE ROUX expose *Périclès visitant l'atelier de Phidias*. La Minerve du Parthénon, colossale et majestueuse, se trouve au centre du tableau. Le statuaire descend d'un échafaudage pour recevoir ses hôtes. Tous les modèles dont il réunissait les beautés pour parfaire son œuvre sont à droite. La suite de Périclès occupe la gauche. Un grand rideau soulevé laisse voir Athènes dans la pleine lumière.

Vive l'Empereur ! s'écrient dans le plus fort de

la mêlée, à Waterloo, des combattants transportés
de courage et de fanatisme pour leur chef. Quel
mouvement, quelle chaleur dans cette composition
de M. FLAMENG !

Nous rencontrons au Petit Trianon la *Marie-
Antoinette* de M. MORLON. « Pendant cette dernière promenade que la reine fit le 5 octobre 1789,
on vint lui annoncer que Paris marchait contre
Versailles » (Mémoires de Mme Campan). La reine
a près d'elle sa fille, appuyée sur ses genoux ; le
dauphin joue avec les canards qui nagent sur un
lac clair. Scène touchante, délicatement peinte,
très attristante par les souvenirs qu'elle évoque.

Dévouement, un soldat, sur le champ de bataille,
s'exposant au danger pour sauver son compagnon
évanoui, est marqué au coin de la réalité, sans afféterie ni brutalité. Les physionomies sont ce
qu'elles doivent être, courageuses et fortes. Signature : GROLLERON.

Il nous présente aussi, grand comme nature,
un des vétérans de l'armée française, *le Dernier
de Waterloo*, Victor Baillot, né à Percey (Yonne)
le 9 avril 1793 et mort à Carisey (Yonne), le
3 février 1898, à l'âge de 105 ans. Pris dans
une couleur franche et claire, le vieillard, assis sur

son fauteuil, tout près de la cheminée, rêve tristement à l'inconnu de l'avenir. Son passé chante sur sa poitrine en la note vive de sa croix d'honneur.

L'action est la qualité la plus rare chez un peintre et la plus précieuse dans le genre bataille. M. Le Dru est, de ce côté, mieux doué que tout autre. Il faut voir son *Duc de Chartres à Jemmapes*. Comme elle est chaude la lutte de ces malheureux soldats ! Les têtes sont toutes très étudiées, le décor et la mise en scène bien entendus. Il y a tant de vaillance et tant d'élan dans le tempérament de M. Le Dru qu'on ne peut s'empêcher de le croire doublé d'un courageux soldat à l'occasion.

Le tableau de M. Boutigny est très remarqué. *Napoléon visite les blessés après la bataille d'Ulm*, et entendant un soldat crier plus fort que les autres : « Vive l'Empereur ! » s'approche de lui et lui dit : « Est-ce là tout ce que tu as à me dire ? « Non, Sire, j'ai démonté quatre pièces de canon aux Autrichiens et le plaisir de les avoir enfoncés me fait oublier que je vais tourner de l'œil pour toujours ! » Napoléon détache sa croix, la donne au soldat qui expire peu d'instants après.

M. Geo WEISS, *les Deux souverains*, se rencontrant avec Pie VII à la Croix (Fontainebleau). C'est bien lui, petit, ...rte, et fiché en terre bien d'aplomb. La ... premier plan, la perspective de l'allée, le ...ut accompagne à souhait les personnages.

GENRE

Voici des *Femmes au bain* dans une vaste salle du plus pur oriental. Par une fenêtre grillée, sous une voûte arrondie, on aperçoit des arbres verdoyants traversés par un soleil intense qui se précipite sur les dalles de la salle et sur le bassin. Dans des poses diverses, harmonieusement combinées, trois belles jeunes femmes sont autour de l'eau. Une, aux cheveux châtains, a les jambes enveloppées d'une étoffe violet clair. A côté, une jolie brune a rejeté sa draperie verte, et, assise sur le bord du bassin, se baigne les pieds. L'eau clapote doucement, émue de ce contact. Plus près de nous, à gauche, est une troisième beauté, très brune et ramassée sur un banc de bois au dossier découpé. Elle nous regarde, toute fraîche du frémissement de l'eau dont elle porte encore les traces roses. A droite, un plat d'oranges est posé sur le tapis rouge aux tons opulents. Une grande esclave noire, vêtue de bleu sombre, se dresse respectueusement, apportant des narguilés.

Cette scène d'intimité féminine où l'air, partout lumineux, s'enivre des belles formes qu'il caresse en liberté, est un bon Gérôme.

Du même maître, *Daphnis et Chloé*, embaumés des fraîcheurs d'avril, viennent à nous se tenant par la main, avec cet air de douceur enjouée de l'adolescence ingénue. Au premier plan, un chevreau bondit joyeux. Chloé porte l'agneau trop jeune pour marcher longtemps. La prairie vivace est toute égayée. Des pâquerettes et des boutons d'or s'ouvrent sous les pas des enfants amoureux. La tunique bleue de Daphnis répond au bleu du ciel; la draperie blanche de Chloé répond aux arbres en fleurs qui jettent au vent leurs corolles.

C'est l'éternelle refloraison de la nature retrempant dans ses parfums l'humanité lasse.

M. Roybet expose une de ces toiles superbes qui marquent dans la carrière d'un grand peintre et dans l'histoire de l'art. Elle représente un *Astronome,* si l'on en croit la sphère posée près du personnage. Le costume est noir. Le velours du long collet a des reflets étonnants. La fraise blanche, très mince, se double et se redouble bien autour du cou. Le fond est d'une douceur contenue qui fuit très loin. L'opulence de décor, la richesse de costume, l'animation de la mise en scène où M. Roybet excelle, ont été laissés de côté cette fois volontairement par lui. Tout son talent se trouve pour ainsi dire condensé sur cette superbe tête de penseur, d'une telle vérité d'expression et si vivante qu'on en reste stupéfait. L'homme est là qui nous regarde bien d'aplomb dans les yeux et proclame son auteur un des plus grands peintres du siècle.

Cet artiste a été le sauveur de l'école moderne, en relevant le culte du beau par d'éclatants succès, alors que le « Caillebotage » fondant sur l'art a failli l'exterminer. Ce monstre, après s'être sauvé au Champ-de-Mars où la Société nationale l'a hospitalisé, s'est réfugié au Luxembourg où il meurt malgré la défense forcenée du vandalisme actuel. Bravo ! Roybet, bravo !!

M. R. Collin fait apparaître, nous regardant par une fenêtre, une de ses transparentes jeunes filles. Elle est vêtue d'une robe jaune et tient un livre à la main. *En été*. C'est ravissant !!

M. Fantin-Latour se répand en suaves séductions. La jeune beauté à laquelle on met les mules à son *Lever*, serait agréable à rencontrer au coin d'un bois.

La Lectrice, de M. Adan, est un comble de

simplicité et de naturel. Le soleil descend doucement à l'horizon. Les arbres d'un jardin allongent
leurs branches, déjà jaunies par l'automne, vers
les balustres d'une terrasse où se trouve une jeune
fille modestement vêtue de gris, faisant la lecture à
une dame âgée, assise dans un large fauteuil, les
pieds sur un petit banc. La différence de condi-
tion et de sentiments chez les deux femmes : d'un
côté le respect, la tenue ; de l'autre, l'aisance et
la familiarité, indiquent clairement le sujet.
M. Adan a su très bien souligner ces nuances sur
le visage de ses personnages, dessinés, d'ailleurs,
avec une extrême sûreté de main. Ses toiles ont
l'œil du public, et c'est justice ; elles parlent à
l'esprit autant qu'aux yeux.

M. GUELDRY, qui s'est longtemps arrêté sur les
bords de la Seine, retenu sans doute par la gaieté
de nos joyeux canotiers, avait exposé, l'an dernier, pour varier ses succès, *la Guerre en dentelles*. Ce fut un ravissement général. Cette année, il est presque effrayant... Dans une salle de
l'abattoir, un magnifique bœuf est gisant, assommé,
baigné dans un sang vermeil que viennent boire
verre à verre de pauvres anémiques exsangues.

L'opposition entre le bœuf vigoureux, étendu
sur le sol, les solides gaillards qui le tiennent, et
les malades buvant son sang, est heureusement
exprimée.

Leur répulsion pour le remède est en raison du degré de sensibilité que comportent leur sexe et leur âge. La jeune femme est celle qui a le plus de peine à surmonter l'horreur que lui inspire le breuvage. Terribles, mais beaux, ces *Buveurs de sang !*

L'artiste nous ramène à des idées plus riantes par une *Répétition du groupe final*, nuée de danseuses dans des poses gracieuses. Le feu de la rampe, leur accoutrement bizarrement intime, l'accompagnateur, le régisseur, tout est des mieux saisi.

Une femme assise, corsage rouge, tablier blanc, bonnet de dentelles, s'éclaire très chaudement par le *Reflet du cuivre* qu'elle est en train de nettoyer. Un jeune marmiton, vêtu d'un tricot rouge aussi, mais d'un rouge très différent, est debout près d'elle. Il porte plusieurs ustensiles rutilants. Le haut des figures est dans la demi-teinte, les personnages étant éclairés par une fenêtre placée très bas. M. Bail a mis beaucoup d'habileté, de talent, dans le faire de ces cuivres éclatants.

M. Sylvestre, toujours amusant, nous rappelle le bon accueil fait par un maître, sa servante et

son chien, à l'ami qui les visite : *A la fortune du
pot.*

Deux dragons descendent de cheval pour ar-
ranger leur selle. Un officier se retourne et leur
fait signe de se hâter. Beaucoup d'allure, de vigueur dans ce *Contretemps* aux tonalités très
justes, comme tout ce que fait M. Berne-Bellecour.

Puis, viennent les Romani, — pardon, mademoiselle, mais vous êtes un maître, — *Salomé* et *Angelica,* très différentes l'une de l'autre par les couleurs et le caractère. La belle Salomé décoiffée,
dont la chevelure cache un œil, a, sur ses genoux,
un sabre et un plat de métal qu'elle retient avec
ses jolies mains, aperçues sous la gaze couleur de
brume dont elle est vêtue, et qui retombe sur sa
tunique tissée d'or pâle. Çà et là, le satin vert
d'une draperie indique un siège. C'est d'une richesse de tons, d'une grâce féminine à tout renverser.

Angelica est une jeune fille au crâne proémi-
nent, lourd d'intelligence. Elle fixe sur nous de
grands yeux noirs, gouffres d'amour. Sa figure de
race est mince et douce. Couverte d'une riche
étoffe liliacée brodée, elle tient dans sa main déli-

cate un encensoir ou brûle-parfum. Derrière la tête, sur le fond olivâtre, court une bande de dessin brun vague, pour en rendre l'effet plus atténué. Enfin, c'est viril et beau, comme tout ce que fait cette jeune, jolie, gracieuse fille, Mlle Juana Romani.

Ici, M. Outin plante un clou : sa *Bouquetière* fera fureur et son *Atelier de modiste* aussi, du reste. Ce peintre mérite bien les faveurs dont le public l'accable.

Mes modèles, dit M. Lobrichon, en gémissant. Hélas! c'est la scène journalière qui se passe dans l'atelier du peintre d'enfants. Un groupe de diablotins, dans je ne sais quel bénitier, crient, chantent et pleurent, se battent et s'arrachent les jouets dont le sol est jonché, tandis que le pauvre peintre, plein de mélancolie, soupire sur son grand tabouret, comme Marius sur les ruines de Carthage. Il se morfond, silencieux, cherchant un trait, une ligne, une ombre fugitive dans ce chaos grouillant, cinq amours d'enfants, dont deux nus sont pourtant modelés à ravir.

Du même artiste, une vieille femme, devant son rouet, écoute avec indulgence, tout en faisant un retour sur son lointain passé, les confidences de

sa petite fille, un *Aveu*, grand crime, sans doute.
Excellente peinture.

La Dame de D***, tombée en léthargie le jour
de ses noces, a été crue morte et ensevelie dans
sa robe de mariée avec tous ses bijoux. Les fos-
soyeurs ont ouvert le cercueil, arraché bagues et
colliers. La jeune femme, *Enterrée vive*, s'est ré-
veillée. Les voleurs, épouvantés, ont pris la fuite.
A demi nue, pâle sous ses cheveux blonds, elle
gravit la dernière marche du caveau. Sa figure
exprime un mélange de frayeur et de joie, car elle
revoit le ciel et les arbres du cimetière à peine
éclairés par le jour naissant. Le tableau de grandeur naturelle, fait sobrement comme un Prud-
hon par Mme Consuelo FOULD, attire et émeut
par le contraste puissant de la jeunesse et de la
mort. Pour une fois, cette dernière est vaincue.
Les qualités de peinture et de dessin, de forme et
de couleur y étaient telles qu'il fut acquis pour un
musée étranger, comme beau spécimen de nu.
« On n'est pas toujours prophète dans son pays, »
dit la sagesse des nations.

Deux enfants de chœur se sont querellés. L'encensoir est jeté par-dessus bord, et, *Avant la
messe*, on se prend aux cheveux. Étude très amusante d'un de nos meilleurs peintres, M. BRISPOT.

Trop chaud! est un réjouissant tableau de
M. A. WEBER. Le bon curé, qui veut prendre en
paix son bain, se brûle et retire son pied de l'eau
en faisant une de ces grimaces qu'on n'invente pas.

La scène parisienne où la marchande de fleurs
de M. SCHRYVER arrête les passants, *Rue Royale,*
est on ne peut mieux réussie.

Un jeune homme et une jeune fille s'embrassent
dans un beau jardin où les feuilles tombent sur
un livre abandonné. *Ils ne lisent plus!* Toute
une histoire romanesque se devine dans cette
gracieuse composition de M. ETCHEVERRY.

Après avoir joué de très jolis morceaux sur
toutes les notes de la nature morte, M. MONGINOT
a éprouvé le besoin de se retremper dans la peinture de genre. Il nous donne un certain *Mage*
sous une certaine robe aux couleurs richissimes,
sorte de Ménélick coiffé d'un turban bleu et tenant
un coffret d'où s'échappe un trésor. C'est tout
simplement magistral.

La toile la plus gaie du Salon est celle de
Mlle ACHILLE-FOULD, qui reproduit une scène des

Joyeuses commères de Windsor, comédie de Shakespeare. Elles ont fourré Falstaff dans leur panier à linge, se sont assises dessus et s'en gaussent à cœur joie. Il serait à souhaiter que toutes les femmes fissent un aussi mauvais parti aux séducteurs qui en veulent à leur argent. Elles sont singulièrement affriolantes, ces commères! C'est débordant d'originalité et d'esprit. Tableau à grand succès, par lequel ce peintre décroche une timbale qu'on n'oubliera pas facilement.

Dans les coulisses d'un théâtre forain, le clown lace le corsage de la première danseuse, bien pimpante avec son costume et ses souliers d'or, un cercle brillant retenant ses cheveux. A défaut d'habilleuse, c'est un *Service d'ami* qu'on se rend volontiers. Rien n'est négligé : mouvement, loge sont à l'unisson dans cette petite toile de M. Beyle.

Il expose aussi : *Première communion d'une étoile*. Un cirque est en représentation dans quelque petite ville de province. L'étoile de la troupe, une enfant de dix ou onze ans, va faire sa première communion. Des jeunes filles et des sœurs de la paroisse viennent la prendre dans sa roulotte pour la conduire à l'église. Scène très amusante par les contrastes.

L'on sent le tabac! C'est *le Vieux fumeur*, de

8.

M. Umbricht, qui allume sa pipe. Solidement tou-
chée, cette tête coiffée de fourrure !

Voici *l'Amorce*, de M. Chocarne-Moreau. Un
charlatan quelconque, arracheur de dents, marchand de bonbons et de coricides, a convoqué
autour de son étalage tous les gamins du pays.
Il s'arme d'une canne à pêche, dont le fil porte un
appât en pain d'épice, et les enfants s'efforcent de
happer la friandise... du bout des dents seulement, car ils n'ont pas le droit d'y mettre la
main. Scène réjouissante et d'une composition
parfaite.

Sont-ils frais et florissants, ces petits bébés de
l'Ecole maternelle, peints par M. Geoffroy ? Et
comme ils sont bien à leurs plans !

Aussi de M. Geoffroy, la *Veille des prix*. Le
coiffeur met force papillottes à une enfant très pé-
nétrée de la gravité du travail. Nous recomman-
dons le coiffeur. Tableau de première marque.

Mme Beaury-Saurel expose *Marseille racontant
ses luttes à Arpin*. Le vieillard est correctement
construit, bien peint ; ses pauvres muscles fatigués
semblent excités par son récit. On croit l'entendre
parler.

Il n'est pas malheureux, *A la foire de Séville*, cet Espagnol à cheval, un cigare aux lèvres, une belle fille en croupe, et peint par M. CHECA.

Mlle GUYON ne nous envoie qu'un petit tableau. *Sur la grand'route,* fuyante, bordée de champs et de prairies, une paysanne, blottie dans la capote de sa carriole, vient droit à nous au petit trot de son cheval. Le ciel est calme, toutes les teintes du prisme solaire s'y fondent en profondeur.

De M. CARAUD : *Sous les lilas,* une mignonne petite femme en toilette mauve, ouverte sur la poitrine, s'est assise et lit, son ombrelle posée près d'elle. C'est silencieux et doux.

Bien crâne, le *Domino,* dont le torse élégant serpente hardiment sous le satin noir ! Les pieds petits, chaussés de bas de soie à jour et de souliers à hauts talons, sont bien d'aplomb sur le parquet, et le visage, dont le masque tombe, est engageant. Des danses folles, se perdant dans la lumière, forment le fond. Importante toile de M. KAEMMERER.

La jeune fille du même peintre tombe très galamment de son traîneau. Quel *Accident!*

Sauvage *le Retour de la chasse*, par Mlle DELA-SALLE, mais bonne étude.

Trois jeunes femmes sont autour d'une table sur laquelle un bouquet est posé. L'une d'elles parcourt une lettre qu'une blonde malicieuse lit par-dessus son épaule. La troisième, brunette en bleu, assise sous un large chamærops, écoute. Cette toile, très parfumée d'*Intimité,* fait honneur à Mme F. VALLET. Ses pinceaux ont acquis fermeté, vérité, sans perdre de leur grâce.

Où?... là! dit une paysanne, en indiquant un chou sous lequel un lapin s'est réfugié. Elle se bouche une oreille pour ne pas entendre le coup de fusil que s'apprête à tirer, presque à bout portant, le curé tout effrayé de ce qu'il va faire, car il est écrit : « Tu ne tueras point. » Amusante scène de M. DENNEULIN.

Le Fils du marabout et *Si Yousef et son kham-mès* sont de Mme LUCAS-ROBIQUET, qui peint l'Orient jeune, à l'air transparent, agréable aux yeux.

Une intéressante conversation surprise, de M. Ch. BRUN, rappelle aussi un souvenir d'Algé-

rie. Dans une rue étroite, un beau jeune garçon,
bien ému, cause avec un vieillard. D'en haut, une
jeune fille soulève la jalousie de sa fenêtre pour
voir, écouter peut-être. Sur le fût d'une colonne,
s'ouvre une fleurette ; une hirondelle s'envole.
C'est vécu.

L'Heureuse mère, par Mme DELACROIX-GARNIER,
a obtenu l'an dernier le prix Piot à l'Institut pour
ses solidités de forme et de modelé. On reproche
souvent aux femmes de ne pas posséder ces qualités qu'on n'exige pas toujours des peintres du
sexe masculin. Avec ses cheveux dénoués, son
corsage ouvert, l'*Heureuse mère,* un beau bébé
sur les genoux, est bien dans l'exercice de ses
saintes fonctions de nounou, simple de sentiment,
correcte comme peinture. Jamais l'artiste n'avait
encore atteint si beau résultat.

M. Jules DESGOFFE expose un *Hallebardier,*
dont l'attitude martiale, le visage ouvert, le manteau de velours groseille, l'épée posée tout près sur
un coussin, font un tableautin précieux.

Une petite fille, en tablier de classe, est debout,
appuyée contre un mur, sous la haute fenêtre
d'une école. On l'aperçoit de profil perdu, éclairée

par le jour frisant. Le dos tourné, elle apprend sa leçon d'un air boudeur *Au piquet*. Bonne peinture par Mlle MERCIER.

Très jolies, *Innocence* et *Méditation* de M. PIOT.

Mademoiselle Fifi est assassinée au dessert, pendant un dîner où quatre officiers et quatre femmes semblent n'être pas venus pour assister à un drame. C'est bien mis en scène et fait avec art par M. DELAHAYE.

Un enfant de chœur souffle énergiquement dans l'encensoir que vient de lui préparer le *Bedeau*. Celui-ci, sérieux, ne le quitte pas de l'œil. A son mouvement impatient, et au geste pressé de l'acolyte, on devine qu'ils sont attendus pour la cérémonie. La composition de Mlle L. de HEM est heureuse, pittoresque, dans ce coin d'église. L'impression a été rendue avec une pâte onctueuse, d'une saveur de coloris rare.

PAYSAGE

M. Jules Breton expose une *Glaneuse* et une
Rue de Village. La *Glaneuse*, aux formes amoureusement caressées, recueillant les épis oubliés
dans le champ moissonné, vient vers nous et se
détache sur un fond lumineux. Il semble que la
terre soit encore émue de la perte de ses beaux
épis d'or, l'atmosphère est pleine de soupirs.

Le paysage poétique, harmonieux, est surpris,
à un certain moment de la journée, dans une lumière spéciale qui passe rapidement. Mais les pinceaux du grand peintre vont encore plus vite
pour fixer sur la toile un chef-d'œuvre de plus.

Une *Rue de Village* : des chaumières, quelques
masures s'enlevant en vigueur sur le ciel où se
couche un soleil brûlant, pendant qu'un garde
champêtre vient faire « assavoir » aux gens du
pays ce que M. le Maire veut leur dire. Les
femmes sortent de leur maison pour écouter. Un
vieillard, un peu sourd, assis sur un tronc d'arbre

renversé, se penche, essayant de saisir le sens de la proclamation. Sur la cime des arbres, sur les meules, le soleil ricoche sans se tromper de direction. Il sait son chemin dans les tableaux de M. Jules Breton !

La Mare en forêt de M. F. Michel est d'un homme qui n'a pas l'air du tout de se rendre compte de sa grande supériorité. Sait-il qu'il y a des poètes qui l'admirent dans le silence des rêveries intimes ? Il faut le suivre, et se laisser entraîner par lui dans les sanctuaires des forêts pour comprendre tout son talent. On lui doit de profondes impressions, pénétrant à l'infini ce qu'on est convenu d'appeler âme. Les harmonies qui disent clairement : « Dieu est dans la nature » produisent, seules de ces effets émouvants.

Le Téverone est une coquette rivière qui se jette dans le Tibre. Au premier plan, à gauche, un arbre séculaire dont le tronc s'est séparé en quatre pour se faire une famille; à droite, un autre arbre plus élégant, aux formes galbeuses : de l'autre côté de la rivière, un bouquet de pousses verdoyantes; sur les troncs d'arbres, sur le gazon, de beaux reflets de jour vif ou de soleil, et des collines s'esquissant au loin de chaque côté

des rives : voilà l'heureuse composition du maître
Harpignies.

Une autre toile, *Matinée dans le Dauphiné*, nous
montre deux gros chênes entourés de leurs reje-
tons, étalant une opulence de feuillage et un luxe
de couleur qui s'imposent à l'attention. Le filet
d'argent d'un petit ruisseau coupe en deux le
premier plan gazonneux, glisse sous une pierre et
disparaît. Un petit arbre malingre regarde avec
mélancolie l'Isère passer entre deux chaînes de
mamelons, bleuissant dans leur fuite. Le ciel, très
haut et d'un blanc laiteux, est azuré vers l'horizon
que couvre une brume légère. Bel Harpignies.

M. Bernier, adoucissant son énergique manière,
a pris cette année des charmes nouveaux. *Une
mare en Bretagne* est d'une tonalité mesurée.
Nous sommes sur un frais gazon. Des aulnes, plantés
de droite et de gauche, ombragent une eau transparente, où viennent s'ébattre de belles vaches
blanches, noires ou rousses, toutes d'un dessin
serré, d'une anatomie parfaite. La bergère, un
enfant dans les bras, un autre à ses côtés, descend
d'un tertre sous l'ombrage pour surveiller son
troupeau. Plus loin, deux beaux bouleaux argentés se dressent fiers, emmêlant leur légère feuillée.
Le ciel s'aperçoit clair, doux, fluide. Beaucoup de
largeur et de précision dans l'exécution donnent

au paysagiste un puissant attrait. C'est là ce qui caractérise son talent.

M. Guillemet, le peintre spirituel par excellence, a vu cette fois *Paris du plateau de Châtillon*. La moitié de notre chère ville y paraît dans toute sa grandeur. La basilique du Sacré-Cœur s'élève majestueusement au pic de Montmartre. Selon le patois du cru, « Notre-Dame de la Galette » domine la butte sacrée qu'enveloppe une brume légère. Depuis le noble Panthéon, qui s'élève à droite jusqu'à l'élégant Saint-Augustin qui surgit à gauche, les maisons s'entassent, cachant les rues qui serpentent. Le dôme des Invalides fait chanter sa note d'or comme un fanal sur ce lac de pierres. Une grande flaque de soleil baigne la banlieue, sous un bout d'arc-en-ciel, puis des perspectives bleuâtres, qui vont s'évanouir dans de vagues lointains. Tout cela est vrai, gai, charmant... Mais si nous regardons les premiers plans, amoncellement de remblais que recouvre un gazon craquelé, et la vieille plâtrerie de droite, à réservoir rouge, nous nous rappelons qu'un peu plus haut se trouvait la batterie prussienne qui bombarda notre Paris. Aujourd'hui, un jeune roulier pousse par là son vieux cheval blanc, sans se douter de rien.

Maisons de pêcheurs, du même maître, n'est

pas moins réussi. Un semblant de village, une flaque d'eau salée où pullulent moules, crevettes, coquillages, où des pêcheurs s'empressent, voilà le tableau de M. Guillemet. C'est pittoresque, rustique, très vrai.

M. Zuber a peint la *Côte d'Azur*. Un vaste ciel bleu domine au loin la Méditerranée plus bleue encore.

Sur ses bords, au fond à droite, une petite ferme jette sa note blanche lointaine. A gauche, est une touffe de jeunes arbres. Sur les premiers plans, deux magnifiques oliviers aux troncs rocailleux, aux rameaux fins et argentés, s'élancent dans les airs. Un troupeau de moutons blancs et noirs passe, cherchant l'herbe rare sur le sol rougi.

Pendant un séjour à Versailles, en visitant le château, M. Zuber fut pris par les souvenirs restés dans l'air et auxquels les esprits rêveurs ne peuvent échapper. C'était devant le palais, près du parterre d'eau. Une divinité aquatique, mollement allongée dans un angle du bassin, un amour à ses pieds, regardait au loin le soleil se coucher derrière la dentelle des arbres dépouillés, et rougir l'eau de ses derniers adieux. Le bronze, effrité par le temps, versait des larmes vertes, sur le rebord du marbre qui encadre le bassin. Une cein-

ture de gazon recueillait ses larmes. Des feuilles sèches jonchaient la terre. Un souffle triste soupira ce vers :

« Tout a fui !.. Des grandeurs tu n'es plus le séjour. »

L'âme de Chénier passait par là, et M. Zuber rapporta de sa visite au château le beau tableau : *Versailles*.

M. Petitjean a peint *le Village de Gudmont*, aux environs de Joinville (Haute-Marne). Nul, on le sait, ne peint l'eau comme M. Petitjean : il n'y a pas à discuter sur ce point.

Nous sommes dans un canal de moulin, ayant à droite le village de Gudmont, assis sur un coteau, orangeant, rôtissant ses toits au soleil. Des touffes d'arbres revendiquent les droits de la végétation, et crèvent les murs quand la place leur manque aux jardins. C'est un bouquet d'habitations vivantes et gaies. Tout en haut, se produit une petite église aux styles divers, juxtaposés comme beaucoup d'églises de village, romane, byzantine, tout ce qu'on voudra, mais charmante de forme et d'originalité. A l'extrémité du canal, est une passerelle, puis des mamelons s'étalent au loin, sous un beau ciel calme où flâne un nuage rosé. Toile de connaisseurs, plat de gourmets... On croit entendre chanter en chœur quelque pastorale par les voix de la nature.

De M. Gagliardini, le peintre de la grande lumière, une rue de village à la *Frontière d'Espagne* s'ouvre devant nous : maisons aux pignons rongés, lointain vert embrasé de soleil, ciel profond, ombres discrètement bleuâtres, une rue où tout le monde doit être gai et heureux.

L'envoi se complète par la *Vallée du Buech*, affluent de la Durance. L'eau, coupée dans la longueur par un petit banc de sable, glisse sous un pont blanc et coquet pour courir au loin entre deux collines luxuriantes et fraîches. Sur ses rives, frênes, ormeaux, oseraies poussent çà et là, balançant leurs jeunes rameaux d'un vert vivace. L'espace est libre, le fond s'enfuit rapidement : scène aimable sous un ciel pur.

Nous sommes dans l'après-midi, tard, *Sous les chênes verts, au cap d'Antibes*. Derrière les montagnes neigeuses, le ciel va du zénith à l'horizon en suivant les modulations qui séparent le bleu du rose.

Les rousseurs chaudes des chênes, le sol légèrement pierreux, le vert doré des fougères et des herbes folles, tout est exact. C'est bien le Midi, non celui que jadis, sans le voir, on peignait de confiance à renfort d'indigo, mais la vraie Côte azurée. Signé : Dameron.

Carrière de Chamesson, village grand comme un mouchoir de poche, est prétexte à brillant effet pour le second tableau de l'artiste. La lumière s'effondre sur des pierres d'un blanc rose qui se violacent à l'air avec le temps. Au-dessus d'une profonde tranchée, un petit pont est suspendu, attrapant un peu de soleil. Les premiers plans ressortent dans la vallée verte et boisée qui coupe le village. Un nuage gris noir s'étend menaçant sur la campagne. Le monceau de déchets de pierres et les ouvriers aperçus sur la route basse animent le paysage. C'est simple et vrai.

L'Express, de M. Luigi Loir, passant le soir, dans la campagne, est bien « à l'effet ». Il faut remarquer la variété des lumières, la perspective et la fumée. On en tousse.

Les pluies d'été ont éprouvé nos paysagistes. M. Quost, souffrant, n'a pu terminer ses grands tableaux. Il nous en console par l'envoi de deux jolies petites toiles : *les Bords de l'Orge à Vaucluse,* effet de soleil. Des peupliers, d'une grande fraîcheur de tons, occupent le premier plan, projetant leur ombre sur le gazon et laissant voir à droite, par des interstices, un rideau de grands ormes sombres troués de ciel bleu. Des osiers s'étendent à leurs pieds, le long d'un ruisseau. On

lumière tout à fait stupéfiant, souligne ostensiblement le nom de M. CAGNIART.

M. G. LAUGÉE a peint *Une fille d'Ève* qui, dans les bras de sa mère, est déjà séduite par les pommes. Cela promet.

Puis *la Chanson des blés*, glaneuses revenant des champs, leurs tabliers chargés d'épis et leurs lèvres pleines de chansons. Deux jolies toiles.

Le Pont de Grenelle et la statue de la Liberté, par une belle matinée de mars, sous un ciel spécial, comme on n'en voit qu'à Paris, rappelle bien l'aspect vivant des rives de la Seine, où tout est en mouvement : passants, bateaux, voitures. M. SCHMITT a très intelligemment compris cette animation qui donne la vie aux lignes rigides du pont et des grands monuments, noyés dans la brume matinale.

C'est dans une forêt, une sorte de route d'eau où des arbres hauts et menus se balancent doucement dans l'atmosphère crépusculaire. Ces *Bords de l'Aven*, par M. GRANDSIRE, ont quelque chose de mystérieux.

9.

Nous avons de M. Pointelin un très bon paysage dans les notes sombres, *Peupliers, le soir*.

Les *Jeunes mariniers* de M. Garaud s'en donnent à cœur joie, par un temps magnifique. Cette scène respire la vie, le mouvement, et l'on admire les jolis reflets que le peintre a su disperser sur l'eau. Le geste de l'enfant qui met sa jambe hors du bateau est impayable.

La Futaie au lierre avec toutes ses branches, toutes ses feuilles, toutes ses fraîcheurs, comme les fait religieusement M. Fath et comme les fait aussi la nature, nous rafraîchit les yeux.

ANIMALIERS

M. Vayson n'a, selon nous, jamais rien exposé d'aussi important que le tableau de cette année : *le Départ pour les arènes*, scène de la Camargue. De jeunes gars, montés sur des chevaux blancs et armés de tridents, conduisent au combat cinq magnifiques taureaux noirs, pris aux troupeaux des marais, sortes de steppes sauvages qui s'étendent depuis Arles jusqu'à Sainte-Marie-de-la-Mer. Élevés en liberté, ces taureaux ont toutes les forces nécessaires à la lutte. Enserrés maintenant, ils viennent à nous avec des airs furieux, l'œil flamboyant, les naseaux grands ouverts, marchant dans le clapotis de l'eau. Le troupeau, bien entouré d'espace, s'enlève vigoureusement sur la lumière intense d'un beau soleil couchant. On retrouve Troyon dans la correction du dessin, Rosa Bonheur dans l'âme des bêtes, et partout un entrain, un mouvement qui font de cette peinture une œuvre de grand maître.

M. Barillot nous transporte sur les hauteurs de Carteret (Manche). Il y a peint *Herbages du Cotentin*. Trois moutons marchent dans une herbe épaisse coupée d'étroites ornières. Derrière eux, suivent quatre belles vaches laitières, dont une nous regarde d'un air défiant. A droite, un âne s'en va tout fier chargé des canes de cuivre lourdes de lait. Des chênes planlureux allongent sur eux leurs branches verdoyantes. Le ciel, un peu gris en haut, devient lumineux, puis bleu en descendant. Une languette de terre est séparée du bord par un ruisseau qui lèche le pied du village. La mer s'étend au loin verte, puis bleue, en gagnant le large. Dessin impeccable, peinture riche de ton, œuvre de premier ordre.

Du même peintre, une *Vache normande*, vieil acajou tournant à l'ébène, front blanc et cornes blanches, est vue presque de profil, sur une petite toile, et tourne la tête vers nous. Elle est près d'un massif d'arbres, seule avec deux poulettes qui picorent des brins de gazon. C'est le soir, mais un dernier rayon de lumière vient lui dorer le pelage et achever son superbe modelé.

Le Labour. Un cheval noir, entre deux chevaux blancs, tire une charrue que pousse un robuste paysan. Au loin, les champs s'étendent sous un ciel gris. C'est la nature telle qu'elle est, et telle que sait la peindre M. Dupré.

Dans *la Prairie*, il a mis une belle vache, à l'air bon et indulgent qui se laisse traire avec patience à l'ombre d'un arbre. Au loin, le soleil descend paresseusement sur un splendide tapis de gazon.

La scène d'*Inondation,* par M. de Vuillefroy, est très dramatique. Dans le Berry, sous un ciel courroucé, deux beaux bœufs, très bien peints, traînent dans une rivière troublée un tombereau où se trouve un paysan fou de désespoir, mais très heureux de ton dans sa blouse bleue. Sa vie et celle de ses bêtes, c'est là tout ce qu'il aura sauvé de l'eau qui monte d'en bas et tombe d'en haut.

Nous avons aussi de cet artiste un effet de *Nuit en automne.* Les arbres sont déjà chauves et la lune a des pâleurs hivernales. Un de ces beaux troupeaux, qu'on laisse nuit et jour dehors, est au repos. Au premier plan, une vache blanche, d'autres couchées ou debout; plus loin l'une d'elles vue à demi; toutes des plus réussies. Il y a beaucoup de profondeur, une perspective savamment adoucie, dans ce petit tableau.

Deux grands chiens briquets d'Artois, blancs et noirs, *Haletant,* sont pris sur le fait par M. Hermann-Léon, au sommet d'une montagne, après une course folle à la suite d'un lapin. L'un est assis, l'autre couché. Coiffés de belles oreilles pendantes, les pattes allongées, ils sont bien en vie. Le ciel, très chaud, jette des lueurs claires partout. Il y a de l'espace autour du sujet : c'est d'un faire assuré, plein de brio.

Sur une autre toile, le portrait de *Whip,* roux et noir, est aussi expressif que bien peint. Il vit, il marche, il va aboyer, ce beau chien d'Écosse, d'un brun doré. En ce genre, nul n'égale M. Hermann-Léon.

Très belles, par M. PEZANT, deux vaches rousses et une noire dans un ruisseau, où se mouillent les dernières herbes d'automne, *Au soleil couchant.*

M. PEYROL, neveu de Mlle Rosa Bonheur, a de qui tenir et nous le prouve par son superbe troupeau de *Moutons.*

MARINES

L'Épave, de M. Tattegrain, est une marine émouvante dans sa solitude et sa simplicité. Comme sujet, un cadavre étendu sur une plage. Des phares brillent au loin. Entre le ciel et l'eau voltigent des oiseaux de mer affamés. Il est impossible de décrire tout le talent contenu dans cette œuvre de dimension relativement petite, mais frappée au sceau du grand maître.

De M. Petitjean, un *Grain dans le bassin de Dunkerque* est une splendide étude, scrupuleusement observée, magistralement rendue. La mer, entravée par la digue, a de sourdes révoltes de vagues prisonnières, blanchâtres et savonneuses. A gauche, une bouée rouge et une petite barque bleue; plus loin, un vapeur en attente. Deux beaux trois-mâts, se détachant bien sans découpage, un remorqueur, sont équipés. Derrière on aperçoit un de ces petits bateaux à cabane qui servent à pêcher dans le bassin même. Au fond, la mer s'en va, libre et verte, sous un ciel chargé qui s'éclaircit à l'horizon. C'est très beau. On est là. Les senteurs marines et quelque peu poisson- neuses nous arrivent par bouffées; l'air vif nous fait relever notre collet. Le vent souffle, les vagues s'entre-choquent dans le port, les nuages s'agitent, nous aurons de l'orage. Les grands trois-mâts en sont émus et se trémoussent tout inquiets. Maî- tresse œuvre.

M. Demont, comme M. Tattegrain, a peint des *Épaves*. C'est le soir. La mer, après une terrible tempête, se retire comme honteuse et lasse. A peine éclairée par les dernières lueurs du couchant, elle a rejeté, avec des débris de bateau, des cadavres qu'on a recouverts d'un pan de voile et que guet- tent déjà les oiseaux de mer. La désolation est partout répandue. « Le ciel rougit de honte en regardant la terre. » Belle toile d'une poésie mys- térieuse et dramatique.

Il n'a pas peur de l'eau, *l'Homme de mer* peint par Mme Demont-Breton, bien droit sur ses lourdes bottes, grand et fort gaillard. Il vient de débar- quer, et a déposé l'ancre après une marée qui a été dure. On le voit à ses habits tout trempés et à la voile de son bateau qui, échoué au second plan, paraît encore secoué par la tempête. « Eh, là bas ! vous autres », dit-il, — « un coup de main, bon Dieu ! »

La même artiste montre *Dans l'eau bleue,* deux fillettes toutes nues, prenant un bain, en jouant, bien peintes, galbeuses. La mer est dans ces deux toiles on ne peut mieux comprise. Le talent ferme de Mme Demont-Breton va toujours croissant.

Il faut avoir vu, dans un naufrage, à quelle hauteur s'élèvent les lames furieuses, pour comprendre que *la Grande vague* de M. Clairin n'a rien d'exagéré. Elle surgit, terrible, sous une apparence de femme, arrachant les algues et les fleurs marines, secouant les coquillages et renversant en arrière son torse serpentin et verdâtre. Elle est très belle.

Le Batelage au Tréport. Cinq marins de M. Morlon sont en mer par un gros temps. Deux barques voisines sautent sur la crête des vagues, non loin d'un voilier. Excellent tableau, de tous points irréprochable.

Anvers. Deux rangées de navires, se faisant vis-à-vis, se balancent doucement sur l'eau que dore un beau coucher de soleil. Signé : Grandsire.

C'est tout un drame que cette petite toile où l'on entend hurler un pauvre chien, à côté de la barque vide que la mer vient de rejeter. On a le cœur serré. Très bien ! vos *Épaves* monsieur Hidalgo.

Les Varechs à Carolles, bœuf, cheval, charrette, avec la mer en perspective, tout cela, de grandeur naturelle, est correctement reproduit par M. Debon.

Trois marins luttent contre la tempête, dans une *Barque* légère secouée par les vagues, sous un ciel sinistre. A la vue de cette toile, rendue avec tant d'émotion, de vérité, par M. Haquette, on se souvient du pauvre Renouf qui triomphait dans le même genre [1].

Sur la falaise, près des dunes, poussent des herbes et des fleurs d'un aspect et d'un parfum tout particuliers. Ce commencement de végétation dans le sable a quelque chose de sauvage et de prime-sautier qu'a parfaitement compris Mᵐᵉ Amen. Son tableau, sans prétention aucune, est d'une facture et d'une exactitude remarquables qui ne peuvent échapper à des yeux de connaisseurs.

---

1. Emile Renouf est mort en 1894.

Nous voyons, depuis quelques années, des peintures grisâtres, quelque peu anglaises, qui exigent une certaine perfection de détail pour ne pas tomber dans « l'à peu près ». Celle-ci, indiquant le matin dans l'air encore un peu brumeux, est très bien trouvée : *Baptême d'un bateau de pêche*. Le prêtre, l'enfant de chœur, les assistants sont vraiment en scène. C'est « vu » par M. HIRSCHFELD.

NATURES MORTES

Ce *Cristal de roche* aux montures d'argent doré, posé sur la peluche groseille d'une petite table dont Gouttières a ciselé lui-même les bronzes dorés pour Marie-Antoinette, est une œuvre étonnante de réalité, comme tout ce que fait M. B. Desgoffe.

Après carême, abondance complète : vin de Champagne au frais, dindons à rôtir, homard, carottes, navets, oignons, champignons pour les sauces alléchantes. Sur le billot, un canard d'en cas. Dans la pénombre, fond de mur. Toile de M. Eugène Claude, largement faite et puissamment éclairée.

De M. P. Bourgogne, *Fin de saison*, superbes roses, pommes de calville et chrysanthèmes. Ce peintre sait éviter les excès de ses confrères, qui

souvent exagèrent les vigueurs ou les atténuent
trop. Il sait rester toujours dans les tonalités justes.

Fleurs, vaisselle, chaudron, bouteille, nappe,
s'arrangent avec beaucoup d'art dans le riche
Intérieur de M. Rouby, un peu tuant pour ses
voisins, mais tant pis pour eux.

M. Magne aime aussi les franches couleurs. Son
Trésor de l'abbaye rappelle, par l'exécution des
objets du xve siècle, et par l'ampleur de sa composition, sa belle toile médaillée l'an dernier. Sur
le large rideau rouge, crucifix, missel, reliquaire
ressortent dans toute leur richesse d'interprétation.

Le chevreuil, les fusils et les élégantes boîtes à
poudre de son *Panneau décoratif* prouvent également une grande souplesse de pinceau.

De M. Attendu : *A l'Office*. Dans cette nature
morte dite « bibelot », gigot, oignons, couteau,
pot, passoire, serviette, tout est fait minutieuse-
ment. La dimension de l'œuvre l'exigeait.

Bon de nuance et de dessin, le bouquet *Boutons
d'or et bleuets* par Mme Lagrost.

RELIGION

Le don précieux du génie ne marche jamais sans qu'une ombre douce l'accompagne pour le préserver des chutes et lui indiquer toujours la route qui monte. Cette ombre adhérente, qui se cache derrière lui sous le triomphe de l'art, c'est le désir, le besoin du mieux, de la perfection absolue. Lorsque, ravis par un chef-d'œuvre, nous croyons qu'on ne peut faire mieux et que, de bonne foi, nous le déclarons à l'artiste, lui, flatté, nous remercie poliment, toujours avec quelque embarras, mais in petto se dit : « Je sens, moi, qu'on peut mieux faire encore, et je le tenterai. »

Voilà comment il se fait que nous aurons cette année une superbe toile de M. Henner, *la Femme du lévite d'Ephraïm*. L'artiste a recommencé son œuvre pour la parfaire en y ajoutant le personnage absent.

Cette fois, nous voyons, accoudé sur la table où repose la victime lâchement assassinée, le lévite, terrible dans sa douleur, presque effrayant. Tout ce

que la jalousie et la fureur concentrée peuvent
exprimer est écrit sur son visage, soudainement
creusé par la torture morale. On a peur de son
désespoir muet.

Écartant son manteau bleu, dont les plis profonds se perdent dans le mystère du fond, il se pen
che, fou de terreur, vers ce corps humain qui res-
plendit d'une inénarrable beauté. Voilée par une
étroite draperie jaune d'or, sa chair, à peine re-
froidie, est d'une blancheur qu'aucune expression
ne peut rendre. Par les beaux jours d'été, les
reflets du soleil donnent au ciel de ces blancheurs-
là. Ses formes ondulent fermes et pures, longues,
élégantes, nues, depuis les pieds mignons jusqu'à
la tête fine dont l'abondante chevelure rousse
ruisselle en dehors de la table. Il semble qu'avant
de s'envoler une âme s'enroule amoureusement
autour de ce corps. L'aspect de cette adorable créa-
ture est plus céleste qu'humain. Enveloppé du
charme mystique, calme comme l'éternité, ce chef-
d'œuvre, belle page de la Sainte Histoire, doit
rester une des gloires de l'art français.

Le tableau de M. Barrias : *Païens et chrétiens*,
représente Pompéi et son Vésuve, après le trem-
blement de terre qui précéda de seize ans l'englou-
tissement de la ville. « Un prêtre de Jupiter s'est
« réfugié avec les siens dans les ruines du temple.
« Des chrétiens s'approchent, cherchant à secourir

« les victimes. Transporté de colère, il saisit la
« hache du sacrificateur. Sa vieille mère s'associe à
« cette haine, mais sa femme les arrête et les cal-
« me, émue de l'aide donnée à ses enfants et
« frappée des paroles du chrétien. » Ce chrétien,
saint Jean sans doute, domine le groupe. A sa
suite, viennent des femmes, un vieillard apportant
des raisins, des amphores. Au premier plan, une
jeune fille boit l'eau fraîche que lui tend une chré-
tienne. Le prêtre, couronné de lauriers d'or,
sa femme à la magnifique chevelure noire dis-
posée en casque, ont de belles têtes. Au fond, la
ville est telle que nous la rêvons. Beaucoup de
goût et une grande science de la peinture caractérisent M. Barrias.

Aujourd'hui que la majorité des peintres sacrifie tout aux intérêts pécuniaires, il faut louer les
maîtres qui mettent encore leurs pinceaux au
seul service des idées.

Une petite fille, bébé de la veille, est assise sur
un banc dans une allée de jardin, près d'une
sœur de charité qui lui donne sa *Première leçon*.
La religieuse, toute mansuétude, dit à l'enfant, on
le voit, quelque chose du catéchisme qu'elle tient
à la main, et l'enfant sage écoute pensive. C'est
l'avant-goût des travaux de la vie, sous l'égide
d'une pensée divine arrachant un instant l'enfant
à ses jeux. Un coin de toit austère, aperçu entre

les arbres du jardin, nous dit que nous sommes
dans un orphelinat, et voilà que l'on rêve à ce que
le lendemain sera pour l'enfant sans mère. M. Adan
sait toujours, en charmant, développer sa pensée.

Le mouvement de la Madeleine au pied du *Cal-
vaire* où meurt le Christ est vraiment superbe, et
tout l'ensemble est hardiment composé par
M. Giacomotti.

N'oublions pas la *Conversion de Marie-Madeleine,* par M. Devambez. Le Christ, arrêté sur un
grand escalier, harangue la foule groupée sur les
marches. Tout en bas, Madeleine, des fleurs dans
ses cheveux roux, un manteau d'or sur les épaules,
tombe à genoux, et, penchée vers Jésus, boit la
parole divine.

Septembre est triste, humide. La nuit approche.
C'est au village. A l'entrée d'une chaumière, une
femme est en larmes. La porte ouverte laisse
apercevoir une chambre où l'on devine un lit. Un
prêtre précédé d'un enfant de chœur, lanterne à
la main, se dirige vers l'habitation, apportant *le
Viatique.* On a froid. Comment, monsieur Brispot,
vous qui nous égayez toujours, vous nous faites
pleurer maintenant !

Regardez de près la figure des *Anges* de M. Maxence, et vous m'en direz des nouvelles. Quand on est ange et qu'on a un peintre qui fait des visages aussi bien que le bon Dieu, on peut se payer des manches en gaze bouillonnée comme on n'en fait que chez Doucet.

Il faut remarquer le tryptique de M. H. Cain : *l'Apparition aux bergers, la Marche vers l'étable, la Crèche* : « Humbles, relevez-vous, un ami vous est né ! »

Le Christ en croix, convulsionné par l'agonie, à ses pieds un garde se tournant vers nous et posant un doigt sur ses lèvres, n'est certes pas le tableau de tout le monde. On n'accusera pas l'auteur d'être mou. M. Bourgonnier a des exubérances de tempérament extraordinaires.

« Heureux ceux qui sont fatigués, ils se reposeront. Heureux ceux qui pleurent, ils seront consolés. » Une pauvre femme, éprouvée par le malheur, embrasse une jeune communiante qui représente pour elle l'avenir. *Rayon dans le deuil,* peinture philosophique et consolante due à M. Enders.

Avant la messe, quatre femmes recueillies attendent dans l'église... une médaille pour M. Leydet. Il l'aura peut-être, en tout cas il la mérite.

Un mélomane ecclésiastique s'est réfugié dans un encorbellement de son église pour chanter à la nature, en s'accompagnant sur l'accordéon. Petit joyau de M. Chevilliard, le Meissonier inaperçu de ses confrères les peintres.

Offrande à la Vierge est d'un mysticisme original. Mlle Sonrel fait passer devant nous une procession de religieuses blanches, genre primitif.

PORTRAIT

Mme *X...*, vêtue d'une robe de satin blanc aux broderies diamantées sur lesquelles une écharpe de gaze est jetée, jolie brune aux yeux doux, au sourire rosé, à l'âme dans les yeux, est une véritable perle de M. HÉBERT.

M. BONNAT expose le portrait du *Général Davoust, duc d'Auerstaedt*, grand chancelier de la Légion d'honneur. C'est brossé avec une virilité, une fermeté tout à fait militaires. Vu de trois-quarts, le général, franc, ouvert, regardant d'aplomb, moustaches et cheveux gris, carnations bien saines, vient à nous.

Combien le faire de ce portrait diffère de celui de *M*^{me} *Caron*. On croirait difficilement que les deux œuvres sont du même peintre. Jamais la célèbre chanteuse ne nous a semblé plus belle, jamais ses yeux, à la fixité fascinante, n'ont été plus mystérieux que sous cette diabolique coiffure qui lui donne des airs de serpent, un serpent merveilleux. Si celui-là s'était promené dans le paradis terrestre, ce n'est pas Ève qui, la première, aurait croqué la pomme.

Dans cette ravissante toile, M. Bonnat paraît s'être adonné tout particulièrement au faire onctueux et doux de sa dernière manière, ce qui ne nuit en rien à ses qualités énergiques. Les grands maîtres veulent être parfaits. Ils ont raison, c'est leur devoir.

Longtemps on a dit tout bas que le talent de M. Bonnat se prêtait difficilement aux grâces féminines. Depuis plusieurs années, il faut constater le contraire, et reconnaître que la vigueur, la solidité enveloppée moelleusement, veloutée de tons caressants, vont mieux à la beauté qu'une fade mollesse.

Ici, qu'on nous permette une digression. Oh! surprise! Bonnat, Bonnat devenu graveur, expose *Portrait de l'auteur* au burin. « Un peu à la diable, disent les maîtres du genre, mais très intéressant. » Eh! mais, mille fois tant mieux! Nous trouvons l'artiste d'autant plus digne d'éloges qu'il s'est servi de moyens à lui, moyens puissants, auxquels la naïveté ajoute encore des charmes. Son faire croisillé aide au modelé sans nuire au dessin.

Mlle Laura Le Roux, debout dans son costume noir, nous ramène à ce que la vie a de plus sympathique, de plus attrayant, la jeunesse.

Nous connaissons tous, ne fût-ce que de réputation, M. Hector Le Roux, le peintre des vestales. Son talent aristocratiquement hélléniste lui valut de grands succès.

Sa fille, Laura Le Roux, est peintre aussi, et, malgré son extrême jeunesse, déjà médaillée pour ses œuvres gracieuses. M. HENNER a peint avec un amour tout paternel cette chère enfant d'un de ses meilleurs amis. Il y a mis toute la souplesse de son immense talent. C'est un rayon de grâce et de bonté, régal du cœur pour lui : pour nous, régal des yeux.

M. J. LEFEBVRE expose un beau portrait de *Mme V. Postma*. Le fond rouge fait admirablement ressortir les traits du modèle, empreints d'une douce mélancolie. Ses yeux sont rêveurs et spirituels, son front est très pur sous ses cheveux légèrement gris.

Le même maître nous retient avec un superbe portrait d'homme, un peu fort : la difficulté était grande de rendre le personnage sans lourdeur. Le peintre a parfaitement résolu la question. Le raccourci des jambes, (le modèle est assis), le raccourci des mains, sont des tours de force d'habi-

leté. Au dessin d'une excessive finesse s'ajoutent les modelés gras, sans boursouflures. L'étoffe du vêtement est souple. Le fond va se dégradant en profondeur. *M. le comte de Kerchove de Deuter-ghem* doit être fier de son peintre.

Ferme, bien en toile, juste de ton, mis en re-lief par un fond discret, le portrait que M. J-P. Laurens a fait de son fils, *M. A. Laurens*, un beau garçon, sympathique et résolu, si nous en jugeons par son image ! Le jeune homme tient à la main son chapeau et sa canne. Il est brun, sa barbe est d'un blond roux, et ses yeux vert de mer.

M. Benjamin-Constant est un de ces heureux que leur parfaite organisation rend aptes à tout. Il fait bien tout ce qu'il essaie de faire. Nous n'avons pas la prétention de rien ajouter ici aux éloges qui, de toutes parts, lui font cortège, mais de dire seulement qu'il expose au salon le portrait de *M. Gabriel Hanotaux*, dont l'expression de vo-lonté ferme et le regard incisif semblent avoir encore gagné du charme en passant sous les pin-ceaux du maître. Il nous regarde bien en face, les deux mains appuyées sur le dos d'un fauteuil. On le croirait à la tribune et il faut l'applaudir.

Le même artiste a fait, d'après *M. Paul So-hège*, un superbe portrait aussi intime que décoratif. Le beau jeune homme, vêtu de gris, est dans son jardin, un feutre mou à la main, un bouquet de violettes à la boutonnière. C'est enlevé avec une inouïe dextérité. Le ton du vêtement est chaud et fait merveille sur la verdure profonde du jardin. Le visage est fin, aimable. Charmant modèle et grand peintre.

On se dit tout bas à l'oreille, sans oser croire à cette heureuse nouvelle, que M. Benjamin-Constant fera la critique du Salon dans « le Figaro ». Le vieux barbier cesserait-il de mettre en pratique sa phrase devenue célèbre : « Il fallait un calculateur, ce fut un danseur qui l'obtint... »

Halte devant le portrait équestre de *M. le duc de La Rochefoucauld-Doudeauville*, en costume de chasse. C'est enlevé avec autant de puissance que de talent par M. A. Morot. La tête, noble sans fierté, est encore adoucie par la chevelure et la barbe argentée. L'attitude correcte sans rigidité, la main élégante qui tient le chapeau et le fouet, le costume rouge se détachant sans sécheresse sur la robe bai du cheval bien actionné, le fond de forêt, le rocher, tout est irréprochablement exécuté.

Nous trouvons un peu plus loin, du même

maître, le portrait du *Prince A. d'A...*, au visage énergique, à l'œil intelligent. Le personnage, bien posé, vêtement, chairs délicatement traitées, s'isole d'un riche fond XVIIIe siècle, colonne et ample rideau relevé sur un coin de paysage.

Le portrait de *M. Vigneron* est un triomphe, une œuvre à laquelle certaines teintes de tableau ancien donnent l'authenticité d'un chef-d'œuvre. On a plaisir à voir cette belle tête grise souriant dans sa fraise blanche. Superbe ROYBET.

Voici, de M. HUMBERT, les portraits délicats de *M*^{lles} *de B...*, deux toutes jeunes fillettes encore enfants : Jacqueline, blonde, frisée, son manteau entr'ouvert, son chapeau à la main; Marguerite, d'un roux doré, que fait ressortir sa robe de velours bleu, ceinture rose. Leur gentil petit chien les regarde avec admiration, et le public en fait autant. La peinture de M. Humbert, quoique très serrée de dessin et très juste de tons, a toute l'onction du pastel.

Le même maître a peint *M. Jules Lemaître*, à l'œil clair, aux mains aristocratiques. C'est un plat de gourmet, un morceau vivant, où toutes les émotions de l'artiste peignant un poète sont encore palpitantes sur la toile. L'un a mis tout son talent, l'autre a mis son esprit. L'écrivain est dans sa bibliothèque, assis à sa table de travail. On le sent vivre, on l'écoute penser.

Quand on est jolie, avoir M. Comerre pour peintre avec cela est tout ce qu'il faut pour être tout à fait irrésistible. Convaincue de cette vérité, Mme D..., grande très belle personne, aux cheveux châtains, aux yeux bruns, au regard franc, pénétrant, pressant, au teint finement rosé, épaules, bras, mains d'une splendeur lumineuse, taille ronde et bien faite, est allée demander à M. Comerre de faire son portrait. Elle a pensé que c'était assez, et s'est contentée comme toilette d'une robe de velours blanc tout unie, d'une dentelle émergeant du décolleté, et d'un nœud bleu dans les cheveux. Belle comme le bonheur, heureuse comme la jeunesse, elle sort ainsi des pinceaux du jeune maître pour prendre rang dans les chefs-d'œuvre du temps.

Deux charmantes petites filles, Mlles L. de C..., vêtues de satin blanc, des roses dans les mains, sont, pour la joie des yeux, écloses sur la palette du même maître. Une tapisserie ancienne, une console chargée de fleurs, servent de fond à ces deux adorables demoiselles. C'est aussi décoratif que bien peint, aussi vrai qu'idéal.

En longue robe de velours vieux rose, col de
guipure de Venise, nœuds noirs dans les cheveux,
un bouquet de roses de Nice à la main, sourire
innocent et doux, *M*^{lle} *L. G...* nous dit que M.
Chartran n'a pas oublié la France, malgré ses
succès en Amérique.

Est-il possible de voir quelque chose de plus
délicieux que *M*^{me} *J. D...,* jolie personne brune
avec son chapeau noir, son costume noir à revers
rayés de blanc, son plastron de satin crème ? Elle
a les mains dans un manchon, il fait encore froid ;
mais elle porte à sa ceinture un bouquet de cou-
cous, c'est le printemps. Signé : Machard.

Un portrait de *M*^{me} *N...,* en robe noire, décolletée, ornée de fourrure, est solidement peint par
M. Monchablon. La physionomie est riante, les
diamants scintillent dans la belle chevelure noire.

M. le Dr *C..,* par M. Schommer, est étonnant de
ressemblance, de facture, de délicatesse. Assis
près de la table où il écrivait, il se détourne pour
nous regarder. Les yeux, la moustache, les mains,
sont d'un fini étourdissant. Pas de petites choses
pour les grands artistes.

Mlle *X...* a confié à M. WENCKER le soin d'interpréter sa beauté. Il nous la présente assise sur un coquet petit canapé. Elle est vêtue d'une ample robe de satin rose, adhérant à sa taille fine et rehaussant la blancheur des épaules et des bras. La jeune fille a grand air sous son abondante chevelure brune. Son regard noir, franc, doux, est attirant. Succès pour le peintre et pour le modèle.

M. Wencker expose aussi le portrait-buste d'une jolie personne blonde aux yeux bleus, au teint ambré, *M*^me *D....* L'ajustement est d'une extrême simplicité. Une sortie de bal tombe des épaules pour laisser voir l'élégance de la taille et la pureté des formes. Le faire de M. Wencker est d'une grande précision de lignes, et d'une puissante lumière.

C'est un charmant portrait que celui de *M*^lle *J. R...*, par M. SAINTPIERRE. La robe de soie, rayée de guirlandes de roses et de filets bleus, s'ouvre par deux revers de satin orné d'un plissé de gaze, laissant entrevoir une poitrine aux modelés naissants. De sa fine main, la jeune fille joue avec les pans de son fichu léger. Le corsage, fermé par des nœuds de velours noir, le visage charmant d'intelligence et de beauté, sont peints avec grâce et fermeté. C'est un printemps à la Watteau.

M. Saintpierre nous donne aussi le portrait de *Mlle Jeanne S...*, belle brune, très jeune. Le teint ambré, le regard franc révèlent l'origine méridionale du modèle, tout âme et passion pour l'art. Musicienne innée, elle appuie sa main sur un piano ouvert et semble dire : « C'est ici qu'est mon avenir, ma vie. »

La toilette blanche très simple, la rose à la ceinture, le fond vert bleu pâle, sont du plus heureux effet.

M. Thirion nous envoie son portrait buste, vu de trois quarts et nous regardant de face, accueillant, le front inspiré, l'œil spirituel, c'est-à-dire très ressemblant. Les vêtements sont traités avec le plus grand art sur un fond tenu à distance. Portrait comme on en voit au musée de Florence.

Mlle Georgette W..., fille du philanthrope Richard Wallace, est représentée par M. Glaize d'une façon assez originale. De grands yeux noirs éclairent sa jolie figure de blonde. Elle nous regarde avec douceur. Sa main de duchesse effleure les cordes d'une guitare avec un mouvement plein de grâce. Le rose dont est couvert le canapé sur lequel elle est assise fait bien ressortir sa robe de velours violeté. L'ensemble est aussi charmant que correct. Ce n'est pas seulement un bon portrait, mais encore un beau tableau.

M. V..., écrivant à son bureau, est peint par M. Baschet avec une science et un fini de dessin impossibles à exprimer.

Ce peintre nous fait faire la connaissance de *Geneviève,* une fillette de cinq ans assise dans son petit fauteuil de paille. Elle se livre à l'importante opération du goûter et tient à deux mains une tasse de lait. Le pinceau de l'artiste s'est fait encore plus délicat que d'habitude pour reproduire cette tête gentille, véritable nid à baisers.

M. Renard fait grande sensation avec un superbe portrait, la belle *M*ᵐᵉ *M. S*..., de la dernière élégance. Oh ! la jolie personne, avec ses yeux noirs et ses cheveux dorés ! Elle se repose majestueusement dans les larges plis de sa longue robe, agitant au-dessus de ses magnifiques épaules son éventail de plumes, suspendu à son cou par une chaîne de perles. Comme son tapis en peau de tigre, tout le monde est à ses petits pieds étroitement enserrés dans un soulier brodé d'argent.

On revient décidément aux fonds à rideau relevé sur une échappée de paysage. Rien n'est du reste plus décoratif. *M*ˡˡᵉ *O. P*..., jolie, bien peinte, dans une attitude à la Boucher, porte une robe blanche sous une cape de mousseline aux chiffonnés

soyeux. C'est un des plus beaux portraits de
M. Flameng.

M. Gilbert expose *Mlle de M...*, une petite fille
brune, en pied, vêtue d'une robe de velours bleu
de roi. L'enfant sympathique, aimable, paraît aussi
intelligente que bien peinte. L'œuvre est serrée et
très heureusement éclairée.

Le même artiste ajoute à son envoi le petit portrait de *Mme B...*, en une robe vert tendre,
ornée d'une mousseline de soie, demi-décolletée,
manches jusqu'au coude. La dame, de haute distinction, est aussi sympathique que belle. Ses cheveux d'un châtain vague, son teint de rose
blanche, — deux couleurs essentiellement parisiennes, — ne sont pas gênés par la tenture du
fond habilement ménagée dans le gris. Le talent
de M. Gilbert, quoique solide et un peu nerveux,
a des douceurs très personnelles.

Il faut remarquer, de M. Duffaud, *Mme Roullier*,
dame âgée, vêtue de noir, dont la figure expres-
sive est encadrée de cheveux blancs. Belle peinture, remplie d'aisance et de dignité.

Le portrait de *M. L. N. B. Wyse* est une pein-

ture excellente, d'une parfaite facture, signée
Bordes.

Mme *Virginie Demont-Breton*, en robe de soie
bleue, garnie de guipure, est frappante de ressemblance et très bien peinte par M. Franzini d'Is-
soncourt.

Nous avons un beau portrait de la *Comtesse
d'A..*, en costume de soirée, par Mme Beaury-Saurel, aux virils pinceaux.

De M. Deully, *Rochefort petit-fils*, habillé de
velours bleu, col et manchette de guipure, bas de
soie noire, petits souliers, tient dans ses bras un
chat. Tout est d'une correction voulue, réussie,
jusqu'au rideau du fond.

Le grand tableau de M. Krug, représentant *la
Pomme*, société littéraire et artistique composée
de Normands et de Bretons, est une œuvre formi-
dable. Cette toile renferme soixante-dix-sept personnages. C'est un document pour l'histoire de
l'art à notre époque, un travail de géant. M. Guil-

lemet, au premier plan, présente cette belle œuvre au public.

M. Krug ajoute à cet important travail le portrait de *M. Delcassé,* ancien ministre des colonies. Peinture solide, vue dans un jour doux.

M. Langlois, assis à une table, feuilletant un livre et fumant sa pipe, est amicalement fixé sur la toile par M. Georges CLAUDE. On ne saurait dire avec quel soin c'est étudié, exécuté. M. Georges Claude, sans la grande modestie qui l'enveloppe d'un voile trop épais, figurerait parmi nos plus éminentes vedettes.

M. LANGLOIS fait occuper sa place au Salon par *Mlle M...,* une fillette émergeant d'un corsage noir, simple, bien en lumière et très finic.

Le gracieux portrait de *Mme B...,* en robe sombre décolletée, ornée de pavots rouges, est l'œuvre de Mlle ABBÉMA.

Mlle RAINOUARD, élève de M. Saintpierre, expose l'image fidèle de *Mlle Laîné,* de l'Opéra-Comique, dans son costume de Manon. Un pouf, dentelle et velours perdu dans les cheveux ; une robe Louis XVI, la main sur la hanche retenant une écharpe rouge, la cantatrice est très avenante.

* * *

Avec une rapidité vertigineuse, un musée de peinture et de sculpture est sorti de terre dans la Galerie des Machines. En bas, en haut, des ouvriers allant plus vite que la pensée ont opéré ce magnifique changement à vue.

Ils ont fait l'impossible. Tout est disposé avec un goût exquis, une harmonie savante. Après cela, s'ils ne sont pas fous ou morts, c'est que l'amour de l'art donne des forces surhumaines. En tout cas, un ban pour Vigneron, Prétet, Bisson et Laurent!... Une petite croix avec ne ferait pas mal, et comme elle serait bien gagnée !

Le Salon est quand même et toujours la plus attrayante chose du monde. Les jours, les heures, le temps qu'il fait lui donnent des aspects tous différents.

Il semble même que les statues et les tableaux changent avec les conditions dans lesquelles ils sont regardés. Le vendredi, jour élégant, raffine-

nement du vernissage, appartient au high-life. Les
équipages se pressent au dehors. Au dedans, ce ne
sont qu'élégances de grandes dames, rencontres de
gens titrés. Les objets d'art, intimidés comme des
enfants qu'on mène dans le monde, ne disent pas
grand'chose, et quelquefois, même, se mettent à
crier.

Les autres jours, en semaine, l'après-midi est
à la bourgeoisie disposant de loisirs. Elle répète
souvent ce qu'a dit son journal, surtout s'il est écrit
avec une plume pointue, ou exprime l'opinion
moyenne de ses facultés pondérées par les exi-
gences de la vie.

En commençant, le Salon est amusant pour le
bourgeois; mais ce monde d'art, d'idées qui l'arrache aux réalités, se dispute ses yeux, son esprit, le
lasse vite.

Il a chaud, se déclare fatigué, s'assied, s'en va.
Bien heureux quand il ne dit pas qu'il y a « trop
de tableaux », comme, dans la rivière, trop
d'eau.

Le dimanche, c'est le peuple qui court au plaisir,
s'en donne pour la semaine, dit tout ce qu'il pense,
et pense toujours quelque chose. C'est la foule,
qui ne mesure ni sifflets, ni bravos, et bondit
bruyamment de l'horreur à l'extase. Avec elle les
œuvres d'art, faites pour tous, trouvent l'élément
qui leur est indispensable, et sont inabordables,
dans l'écrasement, la bousculade du triomphe.

Quant aux matinées, on y voit régner un calme

absolu. C'est alors que les artistes vont, selon leur expression, étudier et méditer leur Salon.

Les vrais amateurs d'art viennent aussi passer de bonnes heures dans ce Salon pour ainsi dire réservé.

Les œuvres y sont bien « elles », entières et sans réserve. Dans l'austérité du silence, elles ont, avec le visiteur sympathique, des intimités muettes, des confidences inattendues ; elles disent des choses qu'on ne dit pas devant tout le monde : celles qui laissent des souvenirs profonds.

Aussi, les gourmets d'art vont-ils au Salon le matin, en sournois, sans expliquer leurs raisons, car c'est en art, comme en amour : on ne veut rien entre soi et ce que l'on aime passionnément.

SALON DE 1899

SALON DE 1899

La pauvre humanité sortant des neiges et de la glace est aussi altérée d'ivresses intellectuelles, d'illusions que de beau temps.

Il lui faut de l'amour pour oublier la réalité, pour la réchauffer du froid de l'hiver.

Tout Paris est debout et se précipite vers la Galerie des Machines, où l'attendent les enchantements de l'art.

L'Hippique est fermé, les équipages scintillants ont tourné et retourné, les chevaux ont fait mille sauts; les rouges sportsmen, à grand renfort d'adresse, ont enlevé des mariages dans leurs bonds périlleux. Tout le high-life européen s'est bien écrasé, éclaboussant d'élégance. Puis, ce monde-cheval, nouveau Centaure, a été se rhabiller pour le Grand Prix.

On a ratissé les allées, planté des arbres. Où chevaux, carrosses, omnibus se ruaient, il y a trois jours, des jardins ont surgi, des masses de fleurs se sont épanouies, des salles superbes ont apparu, disposées avec un goût parfait. Tout le cortège des arts a fait son entrée triomphante. C'est le tour des artistes, de leur tournoi, où bien des blessés, des morts même restent sur place. C'est aussi la grande réjouissance intellectuelle des classes moyennes, du peuple, de tous ceux qui pensent et que le plaisir des yeux attire irrésistiblement.

Le Salon est ouvert.

ALLÉGORIES

M. Bouguereau ne descend pas des sphères enchanteresses où ses succès le retiennent. Il nous emporte en plein ciel avec *l'Amour et Psyché*. Le dieu a déployé toutes grandes ses ailes blanches et monte dans l'éther avec son amoureuse proie. Psyché, suspendue par ses bras mignons au cou de son ravisseur, laisse flotter ses beaux cheveux châtains qui se dorent à la chaude lumière du jour et s'emmêlent dans ses ailes de papillon. Les modelés, caressés avec une infinie délicatesse, forment dans l'air des lignes d'une exquise harmonie.

Redescendant sur la terre, nous sommes encore avec l'Amour qu'entourent d'adorables adolescentes plongées dans *l'Admiration* devant le dangereux bambin. Lui, pris d'un frisson délicieux, sous les chauds regards de ces printemps humains, hésite malicieusement sur le choix de sa victime. C'est un véritable bonheur que la longue contemplation d'œuvres pareilles. Les pinceaux du maître sont imprégnés de grâce et de suavité. Son talent heureux éveille en nous un sentiment de joie, de plénitude, de vie, comme les belles matinées d'avril.

Il faut se placer à une certaine distance pour apprécier, comme il convient, *l'Amour mouillé*, signé GÉRÔME. Ce n'est pas de tout près que se dégage de la toile ce lointain souvenir de poésie antique. Laissons la foule s'écouler un peu, et nous verrons comme cet intérieur est bien éclairé, comme Éros y voltige légèrement.

Le bambin frappe à la porte. Il est recueilli, réchauffé, et s'en va, après avoir envoyé, en manière d'adieu, une flèche à son bienfaiteur. Celui-ci, plus tard, arrivera quand même à regretter le mauvais tour qu'on ne pourrait plus lui jouer. Cette interprétation de l'Ode d'Anacréon est de toute éloquence : « On aime l'amour, il vous blesse ; on lui en veut, on le maudit ; mais on le pleure quand il ne peut plus revenir. »

M. Tony ROBERT-FLEURY, inspiré par les plus poétiques fleurs, étoiles bleues qui semblent des morceaux de ciel tombés : *les Bleuets*, nous les montre dans les mains d'une jolie femme, robe à fleurs bleues, fichu bleu, cou nu. Un bonnet

coquet est posé sur sa luxuriante chevelure
rousse. La belle se détache d'un beau fond de
paysage. C'est finement dessiné, peint par le savant professeur auquel on doit tant d'artistes de
talent.

Nous serions impuissant à décrire la grâce et le
lyrisme que M. Gabriel FERRIER a su répandre sur
l'Éveil du poète. Les Muses, beautés idéales, aux
draperies tissées avec les fils de la Vierge, légères
comme des souffles, sont suspendues dans l'air
sous l'ombre d'arbres épais. L'Amour vient, par
sa chaude haleine, éveiller le poète endormi sur
la mousse. L'atmosphère se remplit d'harmonie. De
toutes parts surgissent des effluves amoureux.
Le feuillage, le moindre brin d'herbe s'émeuvent,
saisis d'un doux frisson qui atteint jusqu'à l'innocent spectateur passant par là. *L'Éveil du
poète* valut à M. Ferrier un grand nombre de
voix pour la médaille d'honneur.

Du fond de sa retraite, élevée dans le parc du
dernier roi de France, M. SCHOMMER donne de
grands coups d'aile dans l'idéal en peignant un
beau plafond pour la Sorbonne. Un candidat en
robe noire est assis à une table et travaille, les
yeux sur son livre, pendant que voltigent dans les
airs : l'Histoire, la Philosophie et la Science. La

Vérité domine la scène, foudroyant de sa lumière l'Ignorance qui s'affale et tombe. *Non oblita patrum veri studiosa juventus.* C'est d'une largeur de vues, d'une justesse de tons rares.

M. Fantin-Latour, un de ces peintres à l'abri du temps, nous charme par ses *Baigneuses*, gracieusement jetées sur le gazon, et que recouvrent à peine des pans de gaze.

La chair de son *Ondine* brille aux lueurs rouges d'un soleil couchant, comme un diamant dans l'herbe.

M. Henri Martin semble avoir allongé un peu horizontalement ce pointillé tenace dont il s'est fait un genre, s'imaginant qu'il en avait besoin pour rendre sa pensée. *Sérénité* est un vaste paysage, ou plutôt un bois, où volent en liberté de légères images de femmes. C'est original et un peu féerique, très intéressant.

L'Ame de la source est un Maxence qui attire les regards de tous les rapins studieux, appelés à devenir de grands peintres. Il y a de quoi. Il faut être marqué au front pour comprendre cette initiation de l'homme à la vérité. M. Maxence ressus-

cite les précurseurs, ou plutôt leur insuffle une
plénitude de vie qu'ils n'ont jamais eue.

Aux maîtres d'autrefois. Des Gloires, traversant les airs, ornent de palmes et de couronnes
les chefs-d'œuvre contenus dans le palais du
Louvre. Beau songe d'artiste exprimé par les brillantes couleurs de M. Béroud.

Le Réveil, de M. Bisson, s'envolant léger,
s'étire, encore tout endormi sous les pavots qui
meurent dans ses cheveux. Un peu plus loin trois
charmeuses : une blonde en bleu, une châtain en
vert, une brune en blanc, se laissent offrir par un
amour une branche de pommier. Elles la pren-
dront : ce sont des filles d'Ève.

Le genre adopté par M. Lalire s'applique on
ne peut mieux, selon nous, à la décoration, par
les hardiesses des couleurs et la grâce du dessin.
Sous prétexte d'imiter les fresques anciennes,
qu'on n'imite pas du tout, on étale à nos yeux
des fadeurs, incorrectes de formes, intitulées :
peintures décoratives. Ce genre écœurant, im-
planté par M. Puvis de Chavannes, — que Dieu
ait son âme et permette qu'on cache tous les
tableaux qu'il a commis ! — ce genre donc passera

de mode comme tout ce qui est faux. Le public commence à comprendre que, si l'on fait de la peinture décorative, ce n'est pas une raison pour ne pas dessiner convenablement, et ne pas donner à la nature la couleur qu'elle a. M. Lalire s'efforce d'atteindre à la réalité. Si ses *Sirènes abandonnées par l'Amour* ont des vigueurs un peu excessives, au moins elles vivent. Ses hirondelles de mer volent bien et la limpidité de l'eau donne envie de suivre ces gracieuses divinités dans leurs ébats natatoires.

Que de tristesse dans *l'Amour et la Mort*, de M. COT ! Une jeune fille est poussée dans un gouffre profond par deux êtres sinistres dont l'un déploie d'immenses ailes de chauve-souris. Il y a là de réelles qualités de peinture.

La *Léda*, de Mme HUILLARD, est un bon tableau, très étudié, très apprécié.

Pêcheurs retrouvant la tête d'Orphée, par M. COURSELLES-DUMONT, œuvre franche, dit clairement ce qu'elle veut dire et le dit avec talent.

HISTOIRE

M. J.-P. Laurens, toujours occupé de ses décorations pour la ville de Toulouse, qui possède de lui déjà tant de toiles remarquables, expose, cette année, *Toulouse contre Montfort*, plafond destiné à la Galerie des Illustres. Le lion allégorique, transpercé par la hampe de l'oriflamme victorieuse, domine la ville. Le large centre d'une tour, vaillamment défendue, occupe le bas de la toile. Les couleurs sont franches et vives. La teinte brique, qui les rappelle sur divers points du tableau, donne beaucoup de vigueur à cette œuvre de grande envergure.

Saint-Quentin pris d'assaut. Après deux journées de meurtre, de pillage, d'incendie, les hommes ont été tués, les femmes et les enfants ont subi de grandes cruautés, les restes de la population sont refoulés hors des ruines de la ville par ordre de Philippe II, roi d'Espagne. Ces ruines fumantes,

où l'on aperçoit quelques pendus, forment le fond
et sont magistralement peintes. A droite et à
gauche, comme « portants », se dressent des dé-
combres plus rapprochés. Au centre, et au premier
plan s'écrasent trois mille femmes à qui les pillards
ont arraché leurs vêtements. Elles s'enfuient en
costume de nuit, portant des enfants ou des ber-
ceaux. Chargées par des cavaliers, elles courent
éperdues, écrasant dans leur fuite des cadavres
arrosés par leurs larmes et les libations des vain-
queurs. C'est une mêlée folle, ensanglantée, dont
les cris sont assourdissants, œuvre stupéfiante où
M. TATTEGRAIN déploie des efforts surhumains. Il
ne s'aide pas de l'ombre pour rendre ses drames
sinistres, mais les étale au grand soleil, dont
l'indifférence est plus terrible encore selon nous
que l'obscurité. La mise en scène révèle une sérieuse étude du théâtre. M. Tattegrain est le
maître du drame en peinture.

M. THIRION expose *Œdipe et Antigone sur le
chemin de Thèbes,* accablés de fatigue, se repo-
sant près du bois sacré. Sur cette toile pleine de
mystère antique, érudition, justesse de composition, largeur d'exécution, se trouvent réunis dans
l'austérité du décor, dans l'attitude et la noblesse
des personnages.

Mondovi en 1796. Dans l'intérieur d'un clocher,

Bonaparte et quatre maréchaux regardent au loin par une baie ouverte. Des équipements militaires sont jetés à gauche sur les dalles de pierr e. Le clocher s'éclaire par une lampe. Bien groupée, bien éclairée, cette œuvre, quoique petite, est une des meilleures du Salon. Signé: SCHOMMER.

Le maître Detaille s'est abstenu, mais nous avons, de M. FLAMENG, *le Soir d'Iéna*. Des fantassins à droite, des cavaliers à gauche, chapeaux au bout des baïonnettes, des étendards vermoulus, un soldat blessé au premier plan, et, au centre, l'Empereur sur son cheval blanc: tout vit dans cette chaude composition et rappelle un glorieux passé. C'est « un clou », suivant l'expression courante.

Les Dragons de Villeguen : Louis XV et sa suite brillante sont dans la cour de Versailles où apparaissent quinze cavaliers en haillons multico lores. A l'aspect de ces guenilles: « Qu'est-ce ceci ? demande le roi. — Que votre Majesté pardonne l'infraction au règlement, répond Villeguen, se découvrant avec respect. Ces uniformes sont des drapeaux ennemis. » Effet heureux, succès mérité par M. GUELDRY.

M. ROCHEGROSSE n'y va pas de main morte

quand il touche au drame. Il voit rouge et nous laboure le cœur par *l'Assassinat de l'empereur Géta* que tue son frère Caracalla. La pourpre violacée se déchire en lambeaux, mêlée au sang qui coule. Une buée rouge remplit l'atmosphère où s'accomplit ce crime infernal : « Caracalla, nous « dit le livret, persuada à sa mère de les convo- « quer tous deux seuls dans ses appartements « afin d'amener une réconciliation. Géta se laissa « persuader et vint avec son frère ; mais, à peine « étaient-ils entrés, qu'une bande de centurions, « apostés par Caracalla, s'élança et massacra Géta « qui s'était refugié près de sa mère, suspendu à son « cou, attaché à sa poitrine, à son sein. » Julia Domna est couverte du sang de ce fils qu'on extermine entre ses bras. L'assassin frappe lui-même son frère pendant qu'un soldat fait le guet. Plus tard, il consacrera dans le temple de Sérapis, à Alexandrie, l'arme dont il s'était servi pour le meurtre. Évoquée par la brûlante imagination de l'artiste, l'infamie de ces mœurs se dresse vibrante à nos yeux. Un long frisson d'horreur court dans l'assistance. Le reflet du sang, partout répandu, rougit l'air. On s'imagine sans peine l'horreur et le dégoût que devait inspirer, aux dieux qu'elle inventa, cette hideuse humanité. Nous entendons gronder la foudre de Jupiter.

A la lueur d'un feu de bivouac, Daumesnil,

assis près d'une table, écrit. Napoléon, debout, dicte. Lannes, Murat, de Ségur, les maréchaux, restent dans son ombre. *La Dictée d'Austerlitz* est de M. Lecomte du Nouy. Nous aimons son talent s'appliquant au genre militaire.

Henri de la Rochejacquelein au combat de Cholet est enlevé et enlevant par M. Boutigny. Dans l'étroite rue d'une petite ville aux toits pointus, Vendéens et soldats de la République sont aux prises. La Rochejacquelein, haut botté, culotte blanche, habit vert, chapeau à la main, entraîne ses troupes. Canons et fusils brisés gisent par terre avec les morts. Des lueurs d'incendie allument l'extrémité de la rue. Il y a dans cette lutte un mouvement, une chaleur, qui gagnent jusqu'au spectateur.

M. Berne-Bellecour emboîte le pas si serré derrière Detaille que ses *Manœuvres d'artillerie* ne laissent rien à désirer.

Chaque artiste, de talent sérieux s'entend, a son type à lui, sceau dont il est marqué, point culminant par lequel on le reconnaît. M. Sergent a l'éloquence du laconisme, une force, celle-là. Il exprime beaucoup de choses avec des moyens prompts et courts. Navrants, *Ceux qui restent,* retraite de Moreau sur le Rhin en 1796. Morts, blessés, mutilations et deuil, voilà ce que laisse derrière elle la gloire militaire, le dernier des faux dieux et le plus dangereux.

A la *Défense héroïque du col de Banyuls,* les femmes font le coup de fusil, et il faut voir comme elles s'y prennent bien ! Se frotter de trop près au sexe faible ne serait peut-être pas prudent en cas de discussion politique très grave. M. H. PER-RAULT fait bien de nous en prévenir par son excellent tableau.

Bravo ! M. LE DRU, pour *Hoche à Frœschviller, mettant aux enchères les canons de l'ennemi.* C'est hardi, crâne et vigoureusement troussé.

Fini sans sécheresse, *la Garde républicaine sur le quai des Célestins,* par M. DELAUNAY; bon tableau.

GENRE

Comme elle est belle, cette vieille femme en cornette blanche, précieuse *Étude* de M. Henner ! L'ombre et la lumière s'y rencontrent avec tant de bonheur que de leur union naît un effet surprenant. Les moyens employés par ce magique talent pour arriver à ces résultats échappent à l'analyse. Nul ne peut savoir ce que M. Henner dépense d'étude, de temps, de science et d'observation. Et ses œuvres ont l'air à peine touchées !...

Le Livre, carte envoyée par M. Tony Robert-Fleury est d'une grande suavité de dessin et de nuance. Imaginez un beau profil de blonde, une draperie blanche attachée par un nœud rose sur son épaule nue. Elle tient un livre. Son torse, bien modelé, dans des tons des plus justes, est mis en valeur par un fond brun très savant.

De M. Collin : *A la campagne*. Sur le seuil d'une porte ornée de lierre, surgit une jeune fille. Sa jupe a bu la lumière et en est restée dorée. Son corsage a pris des reflets de verdure. Une main posée sur la porte, une autre tenant des fleurs cueillies, elle pense... que M. Collin est le grand maître des plein-air.

Du même artiste, *Étude*, quelque chose d'exquis ! Se détachant sur un grand paravent à fleurs qui lui sert de fond, une jeune femme se coiffe, se laissant voir de dos dans toute la splendeur de sa nudité. Une fourrure noire s'étend sur le sol.

M. Wencker saisit la nature et la rend avec une justesse extraordinaire. Il voit les chairs, le feuillage, d'une façon précise. *Soir d'été* nous reporte bien à l'endroit même où la vision a dû se présenter à l'artiste.

La nature donne un peu d'elle à ceux qui vont la peindre où elle est. M. Wencker copie sur place ses eaux vives, ses grands bois, et y fait poser ses modèles. On le sent en regardant sa toile, scrupuleusement étudiée, ses belles filles avec leurs pieds mignons dans l'herbe, sous les feuillages verts.

Les exquis *Joueurs de dames*, par M. Jean

AUBERT, créateur d'un monde d'amours dont il ne cesse d'étudier les mœurs, font les délices du public.

Nous sommes en *Automne* et, sous un bosquet, un affriolant déjeuner est servi. La maîtresse de la maison, passant dans un rayon de soleil qui dore sa robe blanche, monte sur une chaise pour cueillir le dessert : une belle grappe de raisin qui pend au plafond de verdure. Peinture lestement enlevée par M. Victor GILBERT.

De M. GLAIZE : *Mutuel appui*, groupe d'une femme âgée et d'une jeune fille : l'une, jeunesse et force ; l'autre, vieillesse et expérience, s'aimant et se complètant l'une par l'autre. Douce et sage, la grand'mère conseille sa petite-fille pour lui épargner des chagrins. L'enfant l'entoure de caresses et lui sourit pour lui faire oublier les douleurs de la vie. Scène émouvante et bien peinte.

Rien n'est dangereux ni méchant comme les oies, pense le gamin qui s'efforce d'enjamber une barrière pour échapper à ces volatiles. *Souvenir d'enfance* spirituellement conté par M. BRISPOT.

M. SAINT-GERMIER expose un petit *Intérieur*

riche : bibliothèque, canapé, glace, tapis, rien n'y manque. Une jeune femme en matinée donne un dernier coup d'œil à la toilette d'une petite fille prête à sortir. Composition intime d'une grande harmonie et d'un faire sommaire très onctueux.

Chacun son tour. Pierrot a bu, puis s'est endormi sans finir sa bouteille ; des ramoneurs, en tapinois, viennent s'y désaltérer. C'est amusant et bien traité par M. CHOCARNE-MOREAU.

Couseuse est un excellent CROCHEPIERRE, soigné jusqu'au moindre bout de fil. La bonne vieille borde avec soin la couverture qui la garantit du froid.

Du même peintre, un étincelant chaudron brille astiqué par une servante. Excellente *Étude*.

Il y a tout un roman dans une *Mère*, pauvre femme qui, chargée d'un lourd paquet de linge, porte aussi son enfant. Elle s'en va, courageuse, où le devoir la pousse, pendant que deux hommes, béatement assis à la porte d'un mastroquet, boivent tranquillement leur absinthe. L'un deux est peut-être le père de l'enfant, et son souvenir pèse plus lourd dans la pensée de la malheureuse que les fardeaux qu'elle porte. L'homme a parfois des cruautés inconscientes qui dépassent celles de la brute affamée. M. ADLER peint avec émotion ses serrements de cœur et nous les communique.

Une adolescente au sourire prenant, aux yeux lumineux, à la chevelure rousse, dont les ondes légères vibrent dans l'air, surgit d'une riche étoffe verte brochée de rouge. C'est *Mina de Fiesole*, création de Mlle Juana ROMANI, qui nous tient en réserve un nouveau ravissement chaque année. La pose est gracieuse sans afféterie; les modelés d'une suavité savante. Cette enfant pense.

M. GROLLERON, à qui nous devons déjà tant d'émotions diverses, nous charme avec une jolie fantaisie, *l'Épreuve*, où deux amoureux effeuillent une marguerite.

Mme Consuelo FOULD vient de se classer dans les peintres aux couleurs « Volloniennes ». Son *Passage risqué*, si hardiment coloré, si juste de dessin, ne laisse plus aucun doute sur les dons reçus de la nature par cette persistante travailleuse. C'est d'un éclat de couleur, d'une hardiesse toute virile. Les étoffes sont largement traitées. Les têtes, bien construites, très expressives, sont pleines d'esprit.

12.

Quand, avec un tempérament d'artiste, on est élève de MM. Bonnat et Cormon, il n'est pas étonnant qu'on arrive à produire l'œuvre de M. Bordes : *Après l'enlèvement,* quelque chose comme un Rubens. Toute la jeunesse peintre, celle qui sait aimer l'art, en est enthousiasmée.

Il triche, ce cardinal jouant aux cartes en noble compagnie, et M. Detti d'en égayer tout le monde par la finesse de ses pinceaux. Petit tableau, grand succès. Voilà un peintre que beaucoup de nos « arrivés » supprimeraient avec plaisir. Il les gêne bien !

Mlle Achille-Fould, qui exposait l'an dernier *les Joyeuses commères de Windsor,* nous montre cette année *les Femmes et le secret,* inspiré par une fable de Lafontaine. Nous y retrouvons les brillantes couleurs et l'humour que cette artiste met dans toutes ses œuvres. Elle a très heureument groupé les trois beautés dont les chairs blanches s'encadrent de riches étoffes. Le secret que dit tout bas aux deux curieuses la jolie brune qui se penche vers elles sera mal gardé. Ce n'est pas difficile à deviner, en voyant les minois éveillés qu'ont ces jeunes bavardes. Les peintures de Mlle Achille-Fould ont cela de spécial qu'elles paraissent influencées par l'énergie de Roybet et

les délicatesses de Watteau, presque deux con-
traires. L'artiste est certainement hantée par l'un
et fascinée par l'autre. L'art n'y perd rien.

Excellente toile, attendrissante, celle de M. LEY-
DET : *Au bureau de bienfaisance*. La jeune fille,
anémiée par les privations, endormie penchée sur
sa mère, est adorable.

Parisienne de la troisième République est à
remarquer. C'est charmant. M. LYNCH se décide
à avoir beaucoup de talent.

Largement brossée, très lumineuse, *la Plumeuse*
de M. MONGINOT est bien à son affaire.

La *Salomé* de M. J. BENNER est remarquable.

Camail rouge, barbe blonde, cheveux gris et
œil vif, l'*Étude* de M. ALLÈGRE s'impose.

La *Rêveuse*, près de son bouquet d'hortensias,
tout à fait délicieuse, prouve qu'il y a un véritable
peintre chez Mme Frédérique VALLET-BISSON.

Les Curieuses sont du faire vrai, bien détaillé, par lequel M. Knight, toujours esclave des grâces naturelles, reste un des favoris du public.

Une rupture, par Mlle Guyon, plein-air très réussi, est le dénouement d'un roman. La femme pleure et l'homme est plus contrarié que chagrin. Nous sommes dans l'île de la Grande-Jatte. Elle prendra peut-être le parti d'en finir avec sa douleur en se jetant dans la Seine qui l'invite. Lui, s'en ira tranquillement par le tramway de la Madeleine. Bien compris, bien peint.

Pauvre soutane ! de M. Schreiber, elle est bien usée ! Le clergé ne fait pas fortune. Bon tableautin.

M. Laissement nous montre, *Après le déjeuner,* un évêque prenant son café. La facture en est étonnante, les détails étudiés sans sécheresse. On n'en pourrait pas dire autant à propos de certains de nos maîtres.

Toujours parfait, M. Deutsch, école de Gérôme, nous fait admirer *la Leçon.*

Mlle Laura Le Roux, devenue Mme Revault,
expose une jolie petite femme assise près d'une
fenêtre : *l'Oiseau en cage*. Couleurs éclatantes,
dessin de bonne école.

Remarquée : *Une pièce douteuse*, qu'examine à la
lumière un vieillard. Voilà de bonne peinture !
Signé : Tessier.

La Chansonnette, groupe de jeunes musiciens,
est intelligemment compris par M. Stephen Jacob.

———

PAYSAGE

A la *Fin d'une belle journée*, M. HARPIGNIES a
peint des chemins ombragés de feuillages légers,
et la Loire qui, près de Sancerre, court avec des
reflets bleuâtres. Au loin, des collines aux teintes
douces et le soleil descendant. Jamais, à cet
instant de brillante lumière, l'astre ne se montra
plus limpide dans son éclat d'or en fusion. Ces flots
éclairants passent entre deux hauts arbres feuillus
qu'ils couvrent de leurs chauds baisers. C'est tout
splendeur !

Oh ! surprise ! un paysage, et un excellent paysage de M. BONNAT : *Pays basque à Saint-Jean-de-
Luz*, de la nature prise sur le fait, plantureuse,
éclatant au soleil ! Une route crayeuse tourne
majestueusement et s'avance dans une belle forêt.
Cette toile, d'une impérieuse réalité, trône en maîtresse, et force à l'enthousiasme les artistes aussi
bien que le public.

M. Jules Breton expose deux maîtresses toiles dans des styles différents : l'une poétique, *l'Heure secrète*, l'autre dramatique, *Cri d'alarme*.

Le village brûle. Tous les visages sont terrifiés. Hommes et femmes, effrayés, se précipitent dans la fumée et dans les flammes, pêle-mêle, emportés par ce cri : « Au feu, au feu!... » Il y a là dedans une action enlevante.

L'Heure secrète, délicieuse idylle au clair de lune, réunit deux grands enfants, paysan et paysanne, baignés dans l'atmosphère amoureuse du printemps. Ils se rapprochent sous le regard discret de la lune. Pur chef-d'œuvre que toute description gâterait.

M. Busson signe ses tableaux sans y mettre son nom. La personnalité de son talent s'y retrouve dans la légèreté des touches, la transparence de l'air. *L'Adour* passe devant nous rapide. Rive escarpée, à droite; petit village au flanc d'un coteau, à gauche; bords tranquilles, d'où s'élance un groupe d'arbres. Des vaches laitières s'engagent dans un sentier tournant, pendant qu'une poudre d'or monte à l'horizon.

Dans *Souvenir de Sologne,* de grands arbres occupent la droite. La gauche est prise par un petit coteau. Autour d'une mare s'étend une prairie où vaches et chèvres indolentes goûtent, inconscientes, la joie de vivre sous le soleil moite d'une journée chaude.

M. BERNIER, le savant paysagiste que l'on sait, nous reporte bien, par *Matinée en Bretagne*, à la plantureuse nature du Finistère. La belle vache bretonne qui vient à nous, l'attitude grave du gamin qui la surveille, sont vues par l'œil d'un maître.

Le paysage de luxe, trop négligé, est traité avec bonheur par M. ZUBER. Quoi de plus richement décoratif que son *Bosquet du Point-du-Jour*, avec sa fraîche charmille et son aurore douce? Bien heureux les amoureux qui sont là !

Alfred de Musset et ses *Marches de marbre rose à Versailles* ont aussi frappé l'artiste, et lui font donner un corps à des souvenirs aussi tristes que doux. La richesse des costumes, la beauté de la nature, la poésie de l'ensemble, tout est digne du poète et du peintre. C'est absolument charmant.

Les pinceaux fermes et francs que M. GUILLEMET se plaît d'ordinaire à promener sur Paris, s'en sont allés en Seine-et-Marne peindre *l'Église de*

Moret et les maisons voisines qui se regardent dans l'eau. Lavoir, pont, feuillage, tout est dans une belle note automnale, et d'un tempérament résolu.

Aux bords du Loing, où M. Guillemet s'est aussi arrêté, l'eau claire se prélasse dans un tournant fertile, arrose arbre à droite, prés à gauche, baignant de clapotis les hautes herbes, pendant qu'au fond de la ville, pont et moulin s'étendent en rideau. Le jour frôle le haut des toits, l'air gazouille entre les saules légers et les osiers flexibles. M. Guillemet a la faculté de nous transporter réellement sur les lieux de son étude. Nous y sommes avec lui, nous voyons par ses yeux et l'illusion est complète.

De M. Demont, une immense *Nuée,* rougie par le couchant, s'étend sur un paysage simple, dunes aux chauves pâturages. Un homme à cheval s'arrête anxieux pour demander son chemin au berger qu'il rencontre. Nous devinons un roman dans cette scène, et restons intrigués comme après la lecture d'un feuilleton. M. Demont frappe toujours l'esprit et plaît aux rêveurs par ses compositions originales. Il s'impose aux maîtres par son savoir et son exécution correcte.

Vaches et moutons viennent brouter, boire et

ruminer *Au bord de la mare.* Une paysanne à mante noire les garde. Les lointains d'un frais paysage se perdent en collines bleues. M. DUPRÉ arrive à saisir dans leur absolue vérité les teintes vertes de la nature.

Bien compris, *Paris vu du haut du palais du Louvre!* Comme elle est vraie cette ville chérie, peinte par un de ses enfants, M. DAMERON! Une tendresse filiale, que nous partageons, se répand sur son océan de toits émaillés, ses arbres jaunis. Sous le pont de l'Institut, la Seine verte passe en courant, pressée comme une Parisienne. Le soleil, affairé aussi, disparaît vite dans un bain de lumière.

La Porte Maillot, effet de neige crépusculaire, par M. Luigi LOIR, montre avec un grand art tous les différents éclairages ; jour tombant, gaz, électricité, lumières des trams à vapeur. Passants, perspective, monuments, tout y est, jusqu'au bureau d'omnibus. On aime à revoir la ville frileuse, où tous les malheureux ont l'air de se serrer les uns contre les autres pour avoir moins froid. Les tableaux de M. Luigi Loir restent dans le souvenir comme des scènes vues.

M. ROULLET nous fait assister à un lever de

lune au Cambodge dans les *Ruines khmères,* régal de haut goût.

Voici maintenant des *Nids et des Roses* sur un fond de verdure, une chaumière sous un ciel gris, des oiseaux dans l'air, des lignes heureuses, des tons joyeux, vus comme dans un miroir par M. Quost.

On travaille dur dans *les Cultures, à Saint-Michel-sur-Orge.* Les ouvriers font leur devoir et le peintre aussi, qui a si bien compris çes grands arbres, le tapis de verdure et les nuages légers qui passent sur le ciel bleu. M. Quost a des effets d'une grande justesse. Aussi ses tableaux sont très appréciés.

Les paysages de M. Rigolot sont à la hausse cette année : *Fin d'un beau jour d'octobre,* et *Matinée d'Automne,* avec son eau qui vient raser les premiers plans.

M. Thurner grandit. Son jardinier *Greffeur* a conquis vaillamment son milieu de panneau où le public se plaît à le regarder.

Les Moissonneurs, par M. GARAUD, bien chez eux, dans leur champ ensoleillé, paraissent vraiment heureux à l'ombre des bottes de paille. La femme, avec son enfant sur les genoux, semble très naturelle.

Le Pommier, paysannerie du même artiste, est d'une mise en scène trouvée et tout à fait réussie.

M. DELAISTRE a été jusqu'en Espagne chercher le soleil et l'a saisi dans tout son éblouissement. *La Fuente Leoca, à Hernani,* fontaine où des femmes viennent puiser de l'eau, est on ne peut mieux peinte, avec ses ombres transparentes et ses feuillages. Cela nous change un peu des tartines de fromage blanc, piquées de rose et de bleu, qu'on nous sert depuis longtemps en guise de soleil.

ANIMALIERS

Mlle Rosa Bonheur, un des plus grands peintres
du temps, revient au Salon qu'elle avait si longtemps abandonné. *Vache et taureau d'Auvergne*
est un des splendides spécimens de son immense
talent. On est heureux et ému de ce retour de
l'artiste. L'influence exercée sur ses contemporains
par l'admirable peintre a été des plus bienfaisan-
tes. Comme elle, nos animaliers ont compris la
poésie qui se dégage de cette puissante race bovine,
aux flancs rebondis. Sur leurs toiles, le troupeau
garde la place importante qu'il occupe dans la nature. Les bonnes bêtes s'enfoncent dans l'herbe
grasse de la prairie, s'arrêtent à boire au ruisseau,
sous l'ombre épaisse des arbres, ou tendent à la
traite leurs mamelles gonflées de lait.

M. Vayson, comme peintre, est le roi de la Provence. Il est né là. Il a voué des tendresses de fils
à ce pays qui le traite en enfant gâté, et semble

se parer tout spécialement pour lui plaire. Quel entrain dans *l'Engasado,* traversée du Rhône par une manade de taureaux camarguais. De la rive, on les pousse avec des piques ; du large, dans une barque, on les appelle à grands cris. Un taureau dressé se jette le premier à la nage, et les autres le suivent. Le ciel, l'eau, la rive, les cavaliers, tout est bien provençal : c'est superbe.

Dans *le Ruisselet,* des vaches splendides s'avancent majestueuses, humant l'air qui les entoure. Leur pelage roux, luisant, leurs grands yeux rosés ont toute l'opulence de talent dont dispose M. BARILLOT.

La Ferme de Thoville, sous son ciel bleu, avec des arbres verts, a bien la tonalité vivace que le Nord de la France emprunte aux couleurs fraîches des campagnes anglaises. Le troupeau de vaches, l'eau, et jusqu'au canard qui barbote, tout se dessine, se colore, tel que le veut la réalité. M. Barillot n'a pas d'irrégularité dans son talent. Ses tableaux sont toujours bons.

Dans *Une prairie,* où nous croyons être, tant ses tons sont vrais, une femme, armée de deux seaux, vient traire de belles vaches qui, debout

ou couchées, l'attendent. Excellente toile de
M. Dupré.

Aux abattoirs. Sur le sol, un panier rempli de
viande crue est confié à la garde d'un gros boule-
dogue blanc et roux. Le cou ceint d'un collier à
clous, prêt au combat, les crocs bien en avant, l'œil
menaçant, le fidèle gardien ne donne pas envie
d'approcher. Dessin ferme et gras, de couleur écla-
tante, comme dans toutes les œuvres de M. Hermann-Léon.

Quel vilain temps *Au bord de la mer*, M. de
Vuillefroy! Le ciel est noir, l'eau est jaune, et vos
pauvres vaches vont recevoir des torrents d'eau.
L'une d'elles, en mugissant, demande déjà du
secours. C'est largement composé, alertement
brossé par un homme qui aime peindre.

Après l'orage le soleil perce difficilement les
nuages, mais reparaît. Sur l'herbe grasse et vivace,
pâtre, chien et troupeau éprouvent le pénétrant
bien-être qu'on ressent après quelque tempête,
quand le calme renaît. Effet cherché, très bien
raconté par M. de Vuillefroy.

De M. Charpin : *Troupeau fuyant devant*

l'orage, est une toile excellente, aux qualités sé-rieuses.

Bons et braves chiens, l'un léchant la blessure de l'autre, rappellent que M. Gélibert mérite sa réputation d'éminent animalier.

Le troupeau de *Bœufs* interceptant le soleil et jetant sur l'herbe ses belles ombres portées, le chien aboyant au premier plan, au loin des vaches arrivant, constituent un des meilleurs tableaux du Salon. Il est dû à M. Merlot.

La *Bergerie* de M. Baird, où poulets et moutons s'éclairent si franchement, doit être aussi notée dans les bonnes œuvres de 1899.

MARINES

D'une plage unie, sous un ciel où l'ombre s'étend déjà, on voit le *Soleil couchant en mer* allumer les flots dè ses teintes de feu, et l'idée de l'infini surgit en nous. M. DEMONT, plus que tout autre paysagiste, sait éveiller par les yeux le sens psychologique.

Superbe! *le Devoir et ses victimes*, par M. MORLON. On frémit d'angoisse pour les marins qui montent ce canot de sauvetage en détresse. Oh ! les braves gens, et le bon tableau !

Mme DEMONT-BRETON s'affirme de plus en plus comme peintre de premier ordre. *Le Geernaerdier*, portant le filet sur l'épaule, est splendide de courage, allant affronter la tempête. Il lui faut du pain pour ses enfants. Il va demander à la mer la vie de tous les jours, et c'est la mort qu'il trouvera

13.

peut-être. L'idée ici n'a pas exclu la forme. On devine les muscles sous l'épaisse toile cirée du pêcheur.

Nous sommes arrêtés par une jolie marine de
M. Paul Schmitt : *Le Matin en mars, au Havre.*

Très bien, quoique sombre, *le Cabestan!* Ces
rudes marins ont beaucoup d'énergie. Le jeune
peintre, M. Jean-Pierre L... (lisez Laurens) en a
aussi.

M. de Dramard, nous décoche un *Pêcheur* digne
de nos marchés, fait avec assurance et connaissance des effets.

NATURES MORTES

Admirons d'abord, par M. Blaise Desgoffe qui se tient toujours dans les hauteurs : *Une vitrine demi-découverte* contenant un calice, une vierge d'or, cristal de roche. La toile sera prisée des grands amateurs pour l'extrême difficulté vaincue : le cristal vu à travers une vitre.

Les *Fruits* de M. Bergeret, figues et raisins, sont inouïs de perfection. Son alléchante *Brioche* donne envie de mordre dedans.

Des cuivres étincelants, du rouge éclatant, une note blanche sur un fond brun des plus vigoureux... Vous avez déjà deviné : c'est M. Bail qui s'annonce. Et comme il a raison de se tenir dans ces couleurs qu'il fait comme personne ! Ici, le blanc, c'est la camisole d'une *Servante* qui, la main gauche sur la hanche, puise l'eau d'une fontaine. Des clefs pendent à sa ceinture. Le cuivre, c'est la bassine dans laquelle elle reçoit l'eau et le robinet d'où cette eau jaillit. Le rouge se répand à gauche sur un rideau. Tout cela s'arrange à merveille dans un éclairage très savant, mesuré. C'est un excellent Bail. Que dire de plus?

M. Eugène CLAUDE a donné cette année à ses pinceaux des souplesses nouvelles très grasses, qui ajoutent un charme de plus à son talent. On remarque tout particulièrement ces qualités dans *les Provisions* : gibier, raisins, pommes, étain.

Puis, allumant sa lanterne pour éclairer à merveille une bouteille, un fromage de brie, des pommes et un linge bleu, M. Claude intitule *A la Cave* une nature morte qui n'a pas son égale.

Il faut placer M. CHRÉTIEN au rang des premiers nature-mortistes. *Étain et Oignons* sont étonnants.

Renversant, *Étalage de fleurs,* par M. P. BOURGOGNE, et *Fin d'été*, est-ce assez bien fait?

Fleurs de printemps, pivoines et mimosa su-

perbes, sont puissamment rendus, avec beaucoup
de goût, par M. P. Biva.

Une hotte de fleurs : roses jaunes, iris, pivoines,
myosotis, attend l'acquéreur qui ne peut manquer
de venir, car elle est très bien peinte par M. Gabriel
Thurner.

Un cahier de musique, un flageolet, des étoffes
et des violettes, sont groupés près de *Roses d'Été*
par Mᵐᵉ Dury-Vasselon, afin de prouver qu'elle
sait peindre avec une égale habileté tout ce qui
tombe sous ses pinceaux. Quand on ne se contente
pas de les indiquer par des taches, les violettes
sont très difficiles à rendre, et les siennes sont les
mieux réussies du Salon.

Regardez, sans avoir l'eau à la bouche, si vous
pouvez, le pâté de *Foie gras* de Mᵐᵉ Dubron.

Le nom de Barillot ne saurait s'attacher qu'à
de belles choses : *Anémones* rouges épanouies,
Giroflées roses et blanches, signées Léonie
Bonvalet-Barillot, en sont la preuve.

RELIGION

Chaque fois que la vision du Christ mort passe dans l'esprit de M. Henner, il prend ses pinceaux et recommence à le peindre, ne trouvant jamais qu'il a réussi. Il poursuit pied à pied son idéal divin, lui arrachant à chaque pas un peu de son secret. Le bon public, bête comme nous peut être, ne comprend pas ce qu'il y a de sublime dans cette âme à la poursuite de son Dieu; mais il constate, du moins, que M. Henner seul peut faire naître les émotions profondes et bizarres qu'on reçoit à l'aspect de ce beau Christ, étendu sur son linceul, la bouche ouverte, l'œil clos.

Plus blanc que le linceul blanc sur lequel il repose, plus lumineux que la lumière terrestre, il y a dans ce corps presque transparent des lueurs éthérées qui sentent le ciel; dans ce silence solennel de Jésus mort sur terre par amour pour tous, des voix secrètes, des appels d'amour que notre âme croit entendre.

Le beau tryptique de M. Humbert nous montre *Marie-Madeleine* sous ses trois aspects : courtisane, convertie, puis sainte. Péchés, repentir, adoration sont étudiés avec une poésie aussi religieuse que savante et prime-sautière. M. Humbert, artiste enthousiaste, poète exalté, sait mettre quelque chose de lui dans ses créations. Sa Madeleine et le Christ ont l'irrésistible charme de l'inconnu surhumain. Ce sont bien là les êtres abstraits, tels que la tradition les grave dans notre pensée : des idées apparentes. Rien de grossièrement réel, rien de matériellement positif ne trouble l'harmonie de cette œuvre.

M. Saintpierre, se ramassant pour ainsi dire tout entier, expose une belle *Judith*, paraissant pour la première fois aux yeux du terrible Holopherne. Elle écarte son voile, qui laisse voir un corps magnifique à demi couvert par une gaze blanche. Un brillant tissu d'or s'enroule autour de ses hanches. De riches bijoux retiennent ses draperies et ses épais cheveux d'un noir menaçant. Le maître est parvenu presque miraculeusement à retrouver, à force de recherches, le type de beauté de ces puissantes dompteuses d'hommes, et à le reconstituer : nez petit et busqué, lèvres fortement ourlées, œil d'une excessive grandeur. Inutile de vanter la pureté des formes, tant pour le corps de la femme que pour le torse de l'homme. M. Saintpierre, artiste consommé, a mis là son savoir acquis, son talent. Noblesse de conception, richissime exécution, tout, jusqu'aux étoffes, aux bijoux, aux armes, concourt à faire de cette toile une œuvre splendide.

Samson et Dalila a toutes les qualités de peinture et le charme que M. LÉVY sait donner aux sujets qu'il traite.

Le juge des Hébreux est assis, tunique superbe, bracelet au bras. Il triomphe dans sa force invisible. Elle, câline, s'approche de lui, humble et presque rampante, passant la main sur la chevelure qui va tout à l'heure tomber sous ses ciseaux. Belle, parée, elle est irrésistible. On comprend sans peine que son ennemi n'est pas, quoi qu'il en pense, de force à lutter avec l'indomptable beauté. Jamais Dalila ne parut plus irrésistible parce qu'elle est représentée bien « femme ». Brûle-parfum, marches de marbre, colonnes, riches tentures défaites et jetées, tout est d'un luxe inouï.

M. ADAN sait envelopper d'une grande sainteté les scènes d'église. Il nous donne, élargissant son cadre ordinaire, *le Reliquaire*, grand comme nature. Un saint d'argent, orné de fleurs, est entouré

de dévots paysans de tout âge respectueusement
agenouillés, on ne peut plus convaincus.

La scène simple, vraie, émouvante au point de
faire des conversions, rendrait le diable religieux.
Avis au clergé. Ces pauvres sont de si bonne foi,
ils donnent de si bon cœur, pour enrichir l'autel,
l'obole qui leur manquera demain, qu'il est impossible d'admettre l'indifférence de ce saint d'argent. Il fera certainement son possible pour eux.
M. Adan, parlant au cœur pendant qu'il ravit les
yeux, prend le succès par tous les bouts et l'at-
trape toujours, naturellement.

M. de RICHEMONT attire l'attention par un
Te Deum remarquable. Nous sommes transportés au temps de Louis XV dans une église enguir-
landée de fleurs. Il y a là des soldats de Condé,
des seigneurs chamarrés d'or et d'argent, des
grandes dames à panier, tout cela franchement
éclairé. Impossible de mieux faire.

Svelte, flexible et nue, l'*Ève* de M. LEMATTE
contemple avec une complaisance inquiétante le
serpent dans les roseaux. On comprend qu'elle
mangera la pomme. Composition très élégante.

Le Christ sur la montagne regarde l'hécatombe

d'hommes sanglants et sanguinaires qui n'ont cessé de s'entre-tuer depuis qu'il fit entendre au monde cette parole sublime : « Aimez-vous les uns les autres, comme je vous aime. » Mais si Dieu est amour, l'homme est envie, haine. Et, pour qu'il se divinise par la bonté, il faudra bien des siècles encore. N'importe, applaudissons les justes qui, comme M. Debat-Ponsan, mettent leur supériorité personnelle au service du bien de tous.

Alma mater, Vierge consolatrice, vue dans un fond bleu qui semble un coin du ciel, adore l'Enfant posé sur ses genoux. L'enfant, bien qu'appelé par l'homme, vient de Dieu, et la vraie femme l'adore, non seulement comme un gage d'amour, mais aussi comme un envoyé de l'Inconnu lui apportant tous les devoirs attachés à une création. Petit morceau de peinture frappé au sceau du maître : Mᵐᵉ Virginie Demont-Breton.

M. Hermann-Léon fait une heureuse incursion dans le genre religieux avec l'apparition de saint Hubert, sous la forme d'un cerf, debout sur un roc, en pleine forêt, au milieu d'une nuit étoilée. La croix lumineuse se dresse entre ses bois. *Le Cerf de saint Hubert* est une œuvre au charme étrange.

M. Saint-Germier est dans l'élément de son talent quand il développe un thème de faste religieux. *L'Enterrement à Venise*, avec sa gondole en deuil contenant des prêtres aux éclatants surplis, les enfants de chœur en rouge, l'eau verte et profonde, sont d'un aspect aussi riche que saisissant. Les confréries religieuses, rangées avec leurs bannières sur le quai, en attendant le corps qui descend d'un palais pour embarquer, les femmes vêtues de noir, pleurant : tout cela, d'une teinte discrète sur un aperçu de ciel gris, forme un ensemble grandiose. Ah ! M. Saint-Germier est un peintre !

C'est un beau tableau que celui de M. Joseph Aubert : *la Mission des Apôtres*. Voilà de saine peinture, sans ficelle, sans convention, et qui n'a rien à faire avec « les saltimbanqueries », dont les partis pris de « faire vite » éclaboussent l'art gâchis. Il est beau, ce Christ dont la parole, après deux mille ans, retentit encore jeune et fraîche dans notre esprit.

Les amateurs de délicate peinture, de scènes consciencieusement fouillées, s'attardent avec plaisir devant *la Prédication de saint François d'Assise*, par M. Georges Claude. Tous ces moines sont « finis », et comme ils pensent !

Le Premier meurtre, de M. Léon PERRAULT, traité dans le clair-obscur, rappelle beaucoup comme faire et aspect *la Chanson de l'épée,* exposée l'année dernière par M. Chartran. C'est aussi bien fait.

Le Corps de saint Julien (de Brioude), transporté par des vieillards, est un grand panneau d'une émouvante composition. Deux vieux bergers, sur l'ordre des anges, sont venus chercher le corps de saint Julien décapité et abandonné au désert. Ils le portent à l'église pendant que les anges s'envolent avec la tête du saint, une couronne et une palme. Cette œuvre fait grand honneur à M. DELACROIX.

Sur un autel brûlent des cierges, qui éclairent à miracle une petite fille priant la *Madonna delle Grazie.* Bel effet de lumière peint par M. BOMPARD.

Austère et vrai, l'*Intérieur de l'église Saint-Gervais* à Paris, par M. DECAMPS. Le prêtre qui passe, la marchande de cierges, les chaises encore dérangées, tout est pris sur le fait.

PORTRAIT

M. Hébert, le doyen des peintres français, concentre sur une toile, grande comme un mouchoir de duchesse, tout le savoir et l'autorité amassés sur sa palette depuis de longues années. Il détruit, sans en laisser de vestige, ce préjugé qu'un peintre âgé fait vieux. Il y a des jeunes gens qui font vieux et « pompier ». Pardon ! le mot qui appartient à l'argot d'atelier, est unique pour exprimer la chose.

Cette impuissance vient du manque d'observation, d'étude, et de la vanité où s'endorment certains arrivés. Sur le portrait de *Mlle de S. A...*, petit ange à rendre toutes les mères folles de jalousie, est écrit en caractères indélébiles : « Le génie n'a pas d'âge. »

M. Benjamin-Constant paraît avoir un faible pour son portrait de *Mme J. Von Derwies*, en pied, robe orange, collet de dentelle pailleté de mauve, jouant avec une chaîne sautoir, et vue dans son parc sous des couleurs d'or. C'est une toile magnifiquement décorative qui doit illuminer les salons de la grande dame.

M. Benjamin-Constant, aussi fécond que célèbre, peintre des cours étrangères et des élégances du Nouveau monde, peintre « à la mode », est non seulement un grand artiste, mais encore un véritable artiste dans toute l'acception de ce mot. S'il bat monnaie avec ses lauriers, il ne sacrifie pas du moins son idéal, ne cesse point de chercher, d'étudier, de donner constamment de nouvelles preuves de la multiplicité de ses observations. Voyez plutôt la tête dans le portrait du *Baron Sipière* qui possède une des meilleures toiles qu'aura produites M. Benjamin-Constant, et ce n'est pas peu dire. Moyens pour arriver à l'effet, classiques « ficelles », tout y est abandonné pour le grand art, celui des ancêtres dont on pouvait regarder de près les œuvres. Il y a là de quoi les faire tressaillir d'aise dans leurs cendres.

Admirable de puissance et de vigueur, $M^{me} D..$, avec ses cheveux gris, son visage aimable et son riche collet de zibeline, par M. Bonnat !

Ce n'est pas sans un certain amour de la confraternité que ces messieurs de l'Institut peignent leurs collègues. Ils ne manquent jamais de prendre pour eux leurs pinceaux des dimanches et de laisser un chef-d'œuvre de plus. Voilà ce que prouve M. LEFEBVRE en nous montrant le portrait de *M. Édouard Corroyer*, le savant architecte, barbe grise, regard profond, la tête appuyée sur sa main, un plan à sa droite, un carton à dessin à sa gauche, son manteau jeté sur sa chaise. Des roses meurent dans l'eau, sur sa table. Un fond brun d'art laisse toute la valeur au modèle.

Du même maître, le portrait de Mme *R...* est, comme il convient, d'une facture toute différente. Vêtue d'une robe de velours noir à chérusque de guipure blanche, violettes au corsage, boa de renard bleu sur les épaules, la belle personne aux cheveux châtains, au teint frais et blanc, sans poudre, nous regarde avec un demi-sourire charmant.

Ses deux mains, doucement réunies, sont faites avec une extrême légèreté de touche. Expression de visage, souplesse d'étoffe, tout est exécuté avec cette dextérité, cette précision de lignes propres à notre grand peintre, et qui le distinguent entre tous. Conscience à nu, devant la nature, il travaille toujours en esclave, mais comme ces esclaves de l'antiquité qui étaient aussi des poètes.

Le portrait de *M. Guillemet,* frappant de ressemblance, appelle les passants par les franches et spirituelles saillies dont il est coutumier, malgré l'air sérieux qu'il a pris pour poser. Comme les peintres tiennent bien sous leurs pinceaux les modèles qu'ils connaissent intimement et qu'ils aiment! M. ROYBET suit en cela l'exemple de ses aïeux en gloire, Michel-Ange, Raphaël.

Le portrait du *Dr Marc Laffont* est frappant d'expression, vigoureux de modelé. La tête du savant n'a rien de dur, ni de heurté. Sous son bonnet pointu et sa large fourrure, il vit, il respire, il parle, ce docteur! Son regard fin scrute notre pensée. Le talent de M. Roybet paraît là dans toute son énergique personnalité.

Nous avons de M. HUMBERT un excellent portrait de *Mme P. S...*, séduisante, auréolée de son chapeau noir, sa fourrure de chinchilla douillettement appuyée sur la nacre de sa peau.

M. THIRION, suivant l'exemple de plusieurs confrères, a fait le portrait de son fils, *M. J. T...*, en costume marin, dix-huit ans, air intelligent, œil noir, légère ombre annonçant de fines moustaches. C'est peint avec beaucoup de talent.

M. Comerre, dont le nom a figuré dernièrement comme aspirant aux jardins d'Académus, pose encore un jalon avec son magnifique portrait de *M. Holtz*. Le jeune député du 18e arrondissement de Paris, socialiste, dit-on, semble sortir de la plus pure aristocratie. Mince, élancé, traits aux lignes fines et régulières, l'air digne sans fierté ridicule, spirituel, accueillant, il a beau fumer sa cigarette devant les grandes dames qui s'attardent à le regarder et laisser la main dans sa poche : c'est bien « l'homme de race ».

Il s'avance, un argument politique quelconque à sa lèvre souriante. Son œil clair, son visage franc, indiquent une solide conviction qu'il espère faire partager à tous. Mais pour nous, qui ne voulons rien entendre à l'insupportable politique, aussi malfaisante qu'inutile, qu'elle tourne à droite, à gauche ou au centre, pour nous M. Holtz ne dit qu'une chose : c'est que M. Comerre a un talent hors ligne.

Il en joue à sa guise, aussi bien pour peindre les élégants du high-life que les hommes du jour et les jolis enfants.

Comme preuve voici *M*lle *X*..., avec ses beaux cheveux noirs, sa ravissante figure fraîche. Son buste sort d'un nid de dentelle blanche. M. Comerre sait mettre dans les yeux des enfants la grande joie d'ignorance qui leur remplit le cœur.

Voilà deux beaux portraits.

M. Baschet doit être placé en première ligne comme peintre de petits portraits. *Mme G... et ses enfants* attestent que cet artiste est de ceux qui osent regarder leurs modèles en face, et les reproduire sans escamotages de convention. Il faut être fort pour cela.

Le très bon portrait de *M. P. Deschanel,* intéressante figure politique, est digne du talent de M. Fournier, un sérieux travailleur de l'art auquel pleine justice n'a pas encore été rendue pour ses grandes œuvres.

M. Charles Catel-Beghin gentil, gracieux, aimable, vient à nous, son cerceau à la main, nous dire que M. Macard a fait son portrait. Il n'y a que les chérubins, s'il en est, qui puissent avoir des cheveux de ce blond-là.

M. Renard se montre tout à fait Hennérien et fait mouche avec le *Portrait* d'un jeune garçon en velours noir ouvrant de grands yeux étonnés devant la vie. Son visage éclaire comme un phare, ce qui ne fait pas mal dans ces salles assombries par les velums.

De M. Glaize, le *Général Maillard* en grande

tenue, les bras croisés, est des plus expressifs.
Épaulettes, broderies, décorations sont interprétées
avec souplesse et précision. Portrait d'une frappante ressemblance.

Mlle ROMANI, l'enchanteresse que l'on sait, a
drapé sur une jeune beauté aux cheveux roux
une étoffe noire et or. *Portrait* aimable, souriant,
adorable.

De M. Georges CLAUDE, charmant tableau
traité dans la grande manière artistique, *M. Pierre
C...*, cheveux blonds, regard doux.

Le portrait de *Mme Daniel Lesueur*, par Mme BEAU-
RY-SAUREL, est une toile de premier ordre.

S. M. la reine Élisabeth de Roumanie, allégorie
pour la moitié du moins, se présente à nous
comme auteur quoique souveraine. Petite bouche,
nez fin, œil bleu, cheveux gris, beaux bras nus,
riches étoffes rouges, grises et roses, opulente
fourrure noire, elle écoute « la Forêt qui chante »
et écrit sous sa dictée pendant que M. LECOMTE DU
NOUY joue du pinceau dans tout ce luxe royal.

La jolie *Mlle C. B...*, de M. Brouillet, ne passe pas inaperçue, ce serait impossible.

Le petit portrait de *M. S...*, de la Cour des Comptes, avec sa barbe grise, sa belle carnation, sa toque, ses décorations, est parlant. Il nous dit qu'il est peint par M. Gorguet.

M. Umbricht affirme de plus en plus qu'il est un des meilleurs élèves de M. Bonnat. Le portrait de *M. le Général G...* mérite le succès qu'il obtient.

M. Debon, dont nous connaissions seulement le talent de paysagiste, nous prend très heureusement avec l'image de *Mlle Jeanne G...*

C'est bien difficilement que les femmes artistes se font jour au Salon. Mais le public, plus Nouveau monde que les peintres, regarde les signatures. Il apprécie beaucoup le joli portrait de *Mme la baronne de M...*, par Me Delacroix-Garnier.

Quel talent simple que celui de Mlle Mercier, une des meilleures artistes que nous sachions ! Portrait de *Léonore* en est une preuve.

Il n'est pas possible de faire un portrait plus
ressemblant que celui de *M. Albert Brasseur.*
M. R. Hall réjouit tous les visiteurs en leur rappelant les bonnes heures de gaîté qu'ils doivent à
ce remarquable comique.

*   *

*

L'Exposition des Beaux-Arts, la dernière du
siècle, effort suprême des peintres et des statuaires
disant leur dernier mot à ce siècle qui part, est
comme le chant du cygne en manière d'adieu.

Au milieu des impétueux désirs appelant les
diverses récompenses plusieurs fois méritées, la
médaille d'honneur fut, comme toujours, ardem-
ment disputée par de grands artistes que leur réputation a, dès longtemps, placés au premier rang.

Leur transport d'esprit vers cette consécration
de leur valeur est inévitable, et aboutit par malheur à des déchirements, puisque jamais les récompenses, médailles simples et médailles d'honneur, ne sont égales en nombre aux peintres qui
les méritent.

La Société des Artistes français sait que les
marques de distinction sont indispensables pour
maintenir à sa hauteur le niveau de l'art français.
Quand donc comprendra-t-elle que le nombre des
récompenses, en disproportion avec la valeur des

œuvres, est aussi injuste que cruel, puisqu'il n'est pas en son pouvoir de limiter le talent?

La Société nationale des Beaux-Arts, qui s'est mise à part pour évoluer sans espoir de médailles, a prouvé à quel point son système est défectueux. Rien n'est sorti d'elle. Ses dignitaires, artistes distingués, sont restés hommes de talent; mais, du rang de ses enrôlés, aucune célébrité n'a surgi. L'émulation est nécessaire à l'humanité, et tout particulièrement aux artistes. Ne leur laisser comme but de leurs efforts que la vente de leurs œuvres, froide convoitise, ne peut donner de nobles résultats. L'artiste a besoin d'encouragements positifs; il se lasse vite des vaines flatteries et de sa quiétude personnelle. Le doute lui vient sur sa valeur si cette valeur n'est pas officiellement consacrée. Puisqu'il est établi, avec preuves à l'appui, que les marques de distinction ne sauraient être supprimées sans entraîner avec elles la décadence de notre École française, que l'équilibre s'établisse donc une bonne fois, et qu'il soit rendu à chacun selon ses œuvres.

SALON DE 1900

SALON DE 1900

Autrefois, le Salon était au Louvre ou aux Tuileries, gratis, nous l'avons dit.

Il descendit aux Champs-Élysées où il resta près de trente ans, à raison de un franc de loyer par an. Il en fut chassé jusqu'à la Galerie des Machines; et le voilà aux abattoirs de Grenelle où on lui fait payer soixante mille francs le droit d'élever des baraquements !

En attendant que la roue de la Fortune remonte pour lui, poursuivons-le dans sa course folle.

C'est un devoir pour les vrais amis de l'art que de le suivre dans son exil, de le soutenir et de le consoler par de nouveaux succès.

Tout lui manque cette année, jusqu'au printemps, trop jeune encore pour lui jeter ses fleurs. Mais ce qui ne lui manque pas, c'est le public toujours avide de nouveautés artistiques.

Car, il faut bien qu'on le sache, les masses civilisées ont autant besoin d'art que de pain. Nourriture de l'esprit et nourriture du corps leur sont également indispensables. Et dussent-ils aller chercher au diable leur vernissage, les Parisiens iraient.

Le « premier mai » tombe le 6 avril, avec le froid et de maigres bourgeons? Emportons avec nous la chaleur de notre enthousiasme, les violettes de la rue, le plaisir de vivre pour l'art et la joie de se trouver tous ensemble. Il y aura encore un beau vernissage. Soleil, montre-toi pour envelopper tout cela d'un peu de bonheur. La gaîté est morte? Vive la gaîté !!!

En route, donc ! les Champs-Élysées sont à Grenelle cette année? Soit, allons-y !

ALLÉGORIES

Après les jours heureux, si rares dans la vie, nous passons parfois des nuits ensommeillées de visions surnaturelles. Des formes impalpables flottent devant nous, beautés presque célestes que notre esprit n'a pas la puissance de préciser. Ainsi doivent se manifester les premières inspirations dans le génie des grands poètes, ainsi s'offre à nous le *Rêve,* de M. HENNER.

Étendue sur un tertre, dans un paysage percé d'un coin de ciel gris, un superbe corps de jeune fille rousse ne se précise que sous la persistance de nos regards. Souffle divin à forme humaine, c'est un adorable Rêve.

Une imposante apparition surgit : la *Femme tenant une coupe.* Brune, aux longs regards bleus et incisifs, sa silhouette de déesse se dessine par les plis aériens d'une draperie que seuls retiennent des bijoux et des perles à la taille et au cou.

Elle a dans une main un coffret, dans l'autre une coupe d'où s'échappent des oiseaux et des papillons roses. Ravissant spécimen du talent de M. H. Lévy qui, tenant du mystérieux et du réel, captive le public.

Une œuvre en tous points hors de pair est due au pinceau élégant et souple de M. Saintpierre. Belle et nonchalante orientale, la *Désœuvrée*, dont l'épaisse chevelure porte un bandeau d'or où brille un rubis, fixe sur nous son grand œil langoureux. Son corps jeune laisse transparaître ses beautés sous une gaze blanche semée de fleurs. La draperie bleue qui la couvre est retenue à sa taille par une ceinture d'or. Les coussins sur lesquels elle repose sont d'une nuance incertaine qui les laisse bien à leur place.

La ravissante tête de femme vue de profil par M. Gabriel Ferrier : *Florimonda,* est encore plus belle au Salon qu'au cercle de l'Epatant où nous l'avons admirée déjà. Avec ses brillantes couleurs, on croirait une fleur, aérolithe tombé on ne sait d'où.

Près de l'étang ombragé de saules, deux jeunes filles vêtues de blanc sont assises. L'automne

souffle sur les feuilles que l'été brûla. Une suavité
de composition et d'exécution caractérise tout ce
que fait M. ADAN. Il ne peint pas pour peindre seulement, comme les matérialistes du pinceau, il
peint pour charmer et réussit toujours. C'est un
homme distingué, spirituel et fin, qu'on reconnaît
dans ses œuvres et qu'on aime.

M. Henri MARTIN a placé dans un nuage, tout
de lis blancs, sa *Beauté*, une femme nue jusqu'à
la ceinture. Le reste du corps est voilé d'une draperie formée par une quantité de ces petits bâton-
nets multicolores, auxquels décidément l'artiste ne
peut résister. Cependant les lis ont été heureusement épargnés, ainsi que le torse de la femme qui
déploie sur elle, comme un voile, sa longue chevelure noire. Le torse est beau, d'un dessin élégant et pur. L'ensemble est un poème. Oui, monsieur, vous avez raison mille fois. Pour la femme,
beauté c'est pureté, chasteté. La femme peut toujours être pure, l'homme peut toujours être bon.
Mais ce sont là des choses aussi difficiles aux
petites âmes qu'agréables aux grandes.

La belle *Solitude,* tête au profil antique, lourde
de pensées, s'incline sous leur poids. Elle rêve au
bord de la mer qui se joue entre les dents des rochers écroulés. A ses pieds, son chien fidèle

semble penser aussi. Bleue, à reflets d'acier, cette mer a bien les oscillations nerveuses qu'elle prend dans les recoins perdus. Quel luxe de dessin ! M. A. Laurens chasse de race.

" Fluctuat nec mergitur " est presque la devise du peintre Béroud. Il marche de hardiesse en hardiesse, s'inspirant des sujets les plus opposés. Les uns l'admirent, les autres le critiquent. On le discute sans cesse. Il va toujours, sans souci d'autre chose que de son inspiration.

Orné d'opulentes draperies aux hardis chatoiements, chargé de roses, le riche vaisseau portant *la Ville de Paris* triomphante passe entre les deux rives de la Seine où se dressent nos vieux monuments. Il est traîné dans l'eau par des chevaux blancs que conduisent des tritons, pendant que des naïades, à la chevelure verte, l'entourent et le poursuivent. C'est d'un effet décoratif très riche, très brillant.

Nous sommes dans les airs où nous rencontrons *l'Étoile du Berger*, légère comme un soupir. Une forme de jeune fille entoure de ses bras l'étoile qui passe au-dessus de sa chevelure blonde. Une draperie bleue s'enroule autour de ce corps svelte et charmant ; l'expression du visage est attrayante ; l'ensemble tout grâce. C'est dans les

peintures de M. Bisson qu'on retrouve le plus
la Parisienne, celle de Paris, devenue si rare. Il
en a l'essence dans ses pinceaux et la montre toujours, même quand il croit s'en éloigner.

Les Sirènes vaincues par les Muses ne sont
pas de celles qu'on oublie. M. Lalire, aux joyeuses
couleurs, console des noirceurs qu'on rencontre
dans les tristes manifestations des esprits mélan-
coliques. Nous aimons ses torses aux opulentes
blancheurs, ses chevelures aux cascades d'or. La
joie de vivre déborde de ses compositions.

Les Parques est une œuvre sérieuse, pleine de
toutes les solides qualités qui caractérisent
Mlle Guyon. Rien n'a été négligé pour arriver au
résultat voulu. Les colonnes qui se dessinent sur un
fond sombre sont à signaler tout particulièrement.
Mlle Guyon a tenu cette fois à montrer le côté classique de ses pinceaux.

M. Triquet, modernisant la Bacchante, fait venir
à nous une charmante femme, le corps à peine
voilé de légères draperies, et tenant dans chaque
main une grappe de raisin, l'une noire, l'autre
blanche, toutes les deux bonnes à prendre comme
le tableau : « *la Blanche ou la noire?* »

Si la poésie et l'espérance disparaissaient, il faudrait aller les rechercher dans l'esprit de certaines jeunes filles.

Voyez quelle citation d'Isaïe Mlle MOUCHEL écrit sous son tableau : « Il n'achèvera pas *le Roseau brisé*, il n'éteindra pas la mèche qui fume encore. » Est-il rien de plus consolant? Un homme se fût-il souvenu de cela, pour nous le rappeler avec ses pinceaux?

Laissons donc vivre tout ce qui respire encore, et espérer tout ce qui vit.

Voilée de blanc, courant à travers ronces et chardons, bois et plaines, *En toute saison*, glacée ou torride, elle « fuit ». Cette création de Longfellow, que nous présente Mlle TAYLER, une Anglaise aux pinceaux délicats, est d'une grande poésie.

Quel *Rêve* fait-t-elle, cette blonde endormie par M. Loïs-PENNROZE? Elle met la main sur son cœur, et un ange vient embrasser son sourire. Tous les deux, doux et reposants, sont agréables à regarder.

Pax et Concordia est un beau geste de M. Pedro AMERICO. Vouloir faire triompher la Concorde et la Paix des luttes sanglantes et sauvages que condamnent notre cœur et notre raison, est l'accomplissement d'un grand devoir. La composition noble, la couleur franche secondent l'idée de l'auteur. Nous ne trouvons rien à reprendre dans cette œuvre.

HISTOIRE

Une bonne part des honneurs du Salon est à M. Brozik qui met en scène, avec une grande habileté de coloriste, *la Proclamation de Georges de Podiebrad comme roi de Bohême*, tableau commandé par un groupe de patriotes tchèques.

De M. Orange, nous voyons *les Corsaires en 1806*. Tout le monde est aux fenêtres, acclamant les débarqués dont le bateau dandine au loin sa mâture. Vieillards, enfants accourent pour voir les blessés qu'on porte ou qu'on soutient. Un homme, aux vêtements en désordre, ouvre la marche, portant dans sa main droite quelques épées. A côté de lui, on transporte un coffret luisant, contenant des objets précieux. Œuvre en tous points remarquable. L'enveloppe du sujet est un peu grise pour le bleu du ciel, mais elle retient bien l'esprit sur l'inspiration, et s'explique par le voisinage de l'eau.

La Délivrance, c'est la levée du siège de Lille le 2 octobre 1792. La garnison et les habitants assistent à la retraite de l'armée autrichienne qui assiégeait la ville. M. SERGENT réussit toujours ses tableaux. On est certain d'y trouver le résultat d'une étude sérieuse, faite avec le respect de l'art.

La Défense du drapeau, œuvre importante, atteste un vrai talent de peintre militaire chez M. Roger MAILLART. Tous les acteurs de la scène, entraînés par un patriotisme désespéré, ont des attitudes de héros. La poudre se répand partout.

M. BERNE-BELLECOUR se tient ferme. Il est « lui » correct, consciencieux, juste, ce qui est le véritable moyen de rester un bon peintre. Se cachent-ils assez bien ces vigoureux soldats *En embuscade!*

Tout le côté d'une salle est occupé par *la Joyeuse entrée du roi Jean le Bon à Douai,* quatre panneaux gigantesques destinés à l'Hôtel de Ville de Douai. Il faut applaudir à cette œuvre grandiose, pleine d'érudition et de talent. On sent que M. GORGUET s'y est donné tout entier dans son amour de l'art et de la vérité.

Le Vengeur du peuple à la journée du 13 prairial an II est une scène terrifiante, amoncellement d'études et de travail par M. FOUQUERAY. Cela nous donne le spectacle des horreurs de la mort, dans un combat pêle-mêle sur mer. Le cœur se serre, on n'en peut plus.

Un élève de M. Detaille, M. A. MARCHAND, expose un tableau ferme et vigoureux de couleur : *Complot de « demi-solde » sous la Restauration*, bonne étude d'histoire. Physionomies et mouvements sont des plus justes.

Ce n'est pas une œuvre ordinaire que *la Fête de thermidor an VI*, présentation au Champ-de-Mars des trésors d'art d'Italie. Il faut louer de pareils efforts. La palette de M. CHARTIER est des plus riches.

Très mystérieux, dans son ombre, *Napoléon I*er *à l'île d'Elbe, méditant sa fuite...* sous le pinceau de M. CORRODI.

Dans *la Mort du général Moulin, au combat de Cholet, 1794,* mise en scène, exécution et dessin sont très soignés par M. BENOIT-LÉVY.

GENRE

M. Bouguereau, le grand maître, ne descend pas des hauteurs où la gloire l'a placé. Jamais d'envoi de politesse, de ce que les peintres nomment « carte de visite ». Il est tout entier dans ce que l'on voit de lui. C'est le véritable artiste s'efforçant de se surpasser à chaque pas qu'il fait en avant. Quand nous le croyons arrivé tout à fait à la perfection, il nous étonne encore par de nouvelles merveilles. *Le Jeune frère* en est une preuve. Voyez cette belle fille, dont une couronne de myrte enserre la chevelure noire, tenir étroitement serré contre son cœur ce bel enfant blond, aux yeux chargés de souvenirs célestes ! Elle l'enveloppe de longs regards tendres, et lui semble rayonner de tout l'amour qu'il reçoit. Oh ! ce bébé divin ! Pas une femme ne peut le regarder sans ressentir une de ces secrètes émotions qui montent du cœur aux lèvres dans un sourire.

15.

Cendrillon, la fillette de M. J. BAIL, debout dans sa cuisine, près d'une fenêtre, soulève un rideau rouge pour absorber toute la lumière et laisser un peu dans l'ombre baquet et bouteilles gisant par terre. Très bien, toujours, les toiles de ce peintre, un des meilleurs du temps.

Prise sur le fait, *la Critique du portrait*, scène d'atelier, par M. BRISPOT! Des parents, des amis du modèle, voire même un ecclésiastique muni d'une loupe, examinent et discutent le portrait du patient qui pose. Le pauvre peintre, sur la sellette, attend avec résignation l'heureux moment où il sera délivré des inévitables visites à l'atelier.

Les Travaux du Métropolitain, rue de Rivoli, ont frappé M. Luigi LOIR qui nous le dit en un bel effet de crépuscule. L'illusion est complète, grâce au talent du peintre. Le tableau que nous devons à ces travaux était nécessaire pour nous faire oublier un peu les ennuis qu'ils nous causent. Montagnes et précipices vont mieux à la Suisse qu'aux rues de Paris.

M. LOBRICHON fait passer devant nous, en double monôme, les enfants de la crèche municipale du 1ᵉʳ arrondissement allant à *la Promenade*, une

rangée de bébés en rose et une autre en bleu.
Tous ces petits museaux joyeux, variés d'expression, sont réjouissants.

Dans un *Intérieur*, comme sait le faire M. Saint-
Germier, danse une sorte de Loïe Fuller, jetant
au vent les innombrables plis de sa jupe presque
impalpable. Il y a là la grâce d'une œuvre moderne avec la valeur d'un tableau ancien.

De M. Adler : *le Creusot*, scène attristante et
vraie, témoigne d'un tempérament ferme dans ses
conceptions. L'exécution est bien supérieure à
tout ce que nous avions vu de ce jeune peintre.

Mlle Achille-Fould met la salle en liesse avec sa
fête des Rois. Elles sont les plus jolies du monde,
ces jeunes femmes réunies à la petite table des
dames.

Elles crient : « *la Reine boit!* » avec une grâce
de grandes dames, et pourtant rient de si bon
cœur qu'on ne peut les regarder sans rire aussi.
La reine, une mignonne petite blonde ardente,
essaye vainement de vider son verre plein d'éclats
de rire. « Elle ne boira pas!... Elle boira! », pense
la servante distraite qui, dans le fond, laisse
tomber un peu de la sauce du plat qu'elle emporte.

Une blonde-froment frappe de son couteau une assiette en vermeil, à l'exemple du roi, pour rythmer le cri joyeux : « La reine boit! » C'est exécuté comme un tableau ancien, avec un modernisme d'une grâce entraînante.

Il a neigé fort, et deux ramoneurs, au pied d'un mur, meurent de faim et de froid. Des religieuses arrivent à temps pour les ramener à la vie et leur apporter du pain. M. CHOCARNE-MOREAU, qui sait si bien exciter la gaieté, sait aussi attirer les larmes quand il peint *Charité*.

La bonne vieille femme, *Page terminée*, de M. CROCHEPIERRE, attire beaucoup l'attention. Sa marmotte bleue, son tablier vert, son livre dont on peut déchiffrer les caractères, encadrent bien son franc visage de brave paysanne. Dans ses petits yeux clairs, tout son principe vital semble s'être concentré.

Deux contre une, création originale, brillante de tons, atteste de grandes qualités de coloriste chez Mme Consuelo FOULD. Elle est superbe, cette rousse aux chairs éclairantes, trichant à cœur joie l'innocente blonde qui regarde naïvement ses cartes pour chercher à se défendre. La commère derrière elle, la main sur la hanche, aide avec force œillades sa camarade à gagner l'enjeu de bijoux ruisselant sur la table. Gai tableau consciencieusement peint.

Pierrot poète, assis sur une table, joint les mains. Près de lui, sa mandoline, des fleurs sur une chaise, font bien dans leur fond blanc. M. Alexis VOLLON marche hardiment sur les traces de son père, le célèbre Antoine Vollon.

Les Trois femmes, par M. SINIBALDI, d'un dessin très surveillé, ont, sous leurs voiles flottant au vent, l'attrait d'un songe.

La *Maternité,* de M. LANDELLE, est d'une grande finesse de touche. L'expérience du peintre lui a prêté toutes les qualités nécessaires à la durée de son succès.

Remarquons : *Sortie des prix à l'école maternelle.* Les lauréats s'en vont, boursouflés d'orgueil sous leurs couronnes de roses en papier, ou de feuilles vert-féroce. Une bonne passe, tenant par la main un enfant d'un an environ, qui regarde d'un air envieux ces glorieux bambins. Il s'arrête, sa bonne veut en vain l'entraîner. Que d'ambition dans ses grands yeux noirs ! Ce bébé sera quelqu'un. Signé : GEOFFROY.

M. DECAMPS, gendre de M. Vollon, comprend que noblesse d'art oblige : sa *Salle de Michel-Ange*, au musée du Louvre, est très remarquable. Couleurs, éclats tempérés sans sacrifices outrés, détails soignés amoureusement, perspective illusionnante, tout est fait avec grand art.

M. LAISSEMENT nous offre une petite scène dans les teintes discrètes qu'il affectionne. Son *Homme d'affaires*, plume et papier à la main, quitte un bureau encombré dont les paperasses éparses vont s'entasser dans une corbeille pleine à déborder. Cet homme et son client, affaissé dans un fauteuil, s'appuyant encore sur un parapluie rouge, sont saisis à souhait pour les dilettantes du vrai. Tentures, meubles, vêtements, sont d'une remarquable précision.

L'envoi de M. WEISZ est à voir très attentivement. Sa *Captive*, vêtue d'une gaze noire brodée de fleurs roses, parée de ses bijoux et de sa beauté, couchée contre des colonnes où s'enroule du lierre, près d'un bassin que baigne un rayon de soleil, ne peut manquer de plaire aux amateurs de bonnes choses.

La gracieuse petite femme en négligé de maison, soulevant adroitement ses jolis doigts pour faire *le Point difficile*, est peinte avec finesse par Mme RICHARD, — élève de M. R. Collin, cela se voit.

Au Louvre, la salle du musée où se trouvent la *Table de Richelieu et la Châsse de saint Potentien*, magnifique travail allemand du douzième siècle, est splendide et merveilleusement reproduite au Salon par M. GRASSET, élève de MM. Cormon et Dameron. Tout, jusqu'à la dame, qui, penchée sur une vitrine, en regarde le contenu, est d'un fini irréprochable.

Pauvre petite fille ! Elle tient dans ses mains, lourdes de découragement, son cher oiseau mort, et porte sur nous un long regard bleu, mouillé de larmes, comme pour nous demander raison de cette douleur inattendue.

Premier chagrin ! Hélas ! mignonne, dans la vie vous en verrez bien d'autres ! M. MAYER doit le savoir pour l'exprimer avec tant d'éloquence.

L'Arrêt de la berline, excellent petit tableau,

est une page anecdotique intéressante. Les personnages y ont un rôle propre à leur qualité, jusqu'au cuisinier curieux, laissant ses fourneaux pour la rue qui l'attire. Signé : GRISON.

Navrant ! Une mère, trop faible ou trop malade pour travailler, est seule sous le Pont-Marie où elle va passer la nuit avec son enfant et cacher sa *Détresse* à tous les yeux. La peinture, d'une touche veloutée de tristesse, mais sincère et correcte, est de M. VARIN.

Les pas de l'enfant, lents encore, sont entraînés par la vigoureuse marche de la jeunesse ; mais le vieillard doit se reposer parfois, avant de continuer sa marche. C'est ce que nous dit la *Dernière étape* de M. LIRA, si nous avons compris. Une teinte mélancolique, conséquence du sujet, se répand sur le décor d'une simplicité extrême.

La *Récréation* des moines se passe ici à lire un journal, à raccommoder ou à écosser des pois. Innocents passe-temps, qui permettent à ces hommes de penser à ce qui fut et n'est plus pour eux ; à ce qui sera... peut-être. M. LUZEAU-BROCHARD a fait là une bonne toile, qui parle autant à l'esprit qu'aux yeux.

Mme Leroux-Revault, expose une aimable toile :
Légende de l'abbaye d'Orval. Dame Edwige,
toute jeune et toute belle, reçoit son anneau de la
carpe miraculeuse qui le lui rapporte. C'est de
l'idéal solidifié par un talent déjà très sérieux.

Ils sont *Seuls* ... l'enfant, qui n'intéresse pas encore, et le vieillard, qui n'intéresse plus ; celui-ci,
pâle et faible, s'inclinant vers la mort ; celui–là,
frais et bouffi, buvant la vie à longs traits. Les
parents, les forts sont absents. Il faut travailler
pour vivre, pour les faire vivre « eux » ; l'enfant ne
peut pas encore, le vieillard ne peut plus. Après
le travail, les parents vont se reposer au grand
air. L'enfant ne marche pas bien pour les suivre,
le grand-père ne marche plus. Cependant son cœur
est encore plein d'amour, puisque l'amour ne
vieillit pas. Le grand–père déverse toute sa tendresse sur l'enfant, qui, altéré de caresses, se
presse contre lui, et tous les deux sont heureux
encore. Il faut que chacun ait ici-bas sa petite part
de bonheur. Demandez plutôt à Mme Brouilhony.

En hiver, on a froid ; mais cela n'empêche
pas de rire. Voyez la gentille Parisienne de
Mlle Charderon. Cet hiver-là vaut bien un été !

Le Paludier de la presqu'île guérandaise, veste

rouge, large chapeau, se ragaillardissant par un souper de marrons, non loin d'un feu mourant, fait honneur à M. Vasselon, un modeste qui ne décrochera certes pas une récompense, mais cette fois la mérite franchement.

Le vieux pêcheur, *Prenant une maille* de sa chaussette et transformé en ravaudeur pour la circonstance, est on ne peut mieux fait par M. Taylor, un Irlandais.

Ils sont bien pauvres, bien misérables, les malheureux de M. Paul Marie, *Attendant la soupe* qu'un soldat va leur donner.

Non, la politique ne marche pas au gré du *Mécontent* de Mme Fanet. L'ouvrier, après avoir lu son journal, le frappe vigoureusement du poing. C'est bien compris.

Une nouvelle école pousse beaucoup les femmes peintres à faire mâle, terrible, brutal, laid même, sous peine de ne se voir jamais pardonner d'être peintres quoique femmes. On leur imputerait à crime de laisser percer dans leurs œuvres la grâce et la beauté.

Mlle CHAUCHET est aussi un de ces peintres femmes qui tiennent leurs pinceaux avec de forts biceps. *L'Apprêt de poissons par la mère Closmadeuc*, qui fouille de ses grosses mains sanglantes les gélatineux thoraciques pour leur arracher les entrailles, est une œuvre qui ne laisse rien à désirer comme énergie masculine, valeur de dessin et de couleur.

Pauvres jeunes filles! on les fera bientôt peindre avec des merlins, et elles ne pourront aspirer au « grand art » qu'après avoir fait de longs exercices avec des poids de cent kilos.

Arrêtons-nous devant la petite toile de M. POUZARGUES : *Enfouissement*. L'homme, parcelle de cette foule de manœuvres qui travaillent trop pour réfléchir beaucoup, est convaincu par le « dieu noir » qu'après la mort tout est fini. Il a en ce dieu « l'Imprimé » une foi aveugle et fanatique. Les lutteurs pour la vie l'écrivent, l'impriment sans cesse, c'est entré dans son cerveau : « Pas de bon Dieu! » Sa femme est morte, il l'a mise en bière, il la descend dans un trou qu'il va recouvrir, et tout sera dit. Mais l'enfant, qui n'a rien encore désappris des croyances instinctives qu'on apporte en naissant, bagage indispensable pour supporter la vie, l'enfant, avec cette intuition qui remplace la faculté de tout comprendre, est ému devant le grand mystère de la mort. Il s'étonne de voir ainsi jeter au rebut ce qu'il aime et sa stupéfaction remplit tout le tableau. Le peintre, par l'éloquence de son pinceau, parvient à nous montrer, sur son œuvre, l'enfant plus grand que l'homme.

PAYSAGE

Nous ne rencontrons qu'un tableautin de M. Harpignies : *Oliviers et chênes verts à Beaulieu*,
jetés sur un tertre séché par le souffle du Midi et
remuant leur feuilles sur un ciel bleu pur. Bou-
tade d'un virtuose du pinceau en villégiature dans
le pays de l'éternel printemps : un Harpignies,
n'est-ce pas tout dire ?

M. Jules Breton nous donne une suave paysannerie. Quatre meules occupent la scène, dont le
fond, rosé par le soleil, bleuit en s'approchant de
la terre. Trois femmes viennent à nous, retour du
travail, dans les *Ardeurs du crépuscule*. Solidement construites pour les travaux des champs,
fraîches et belles pour la nature qui les veut mères,
une d'elles, accroupie sur le sol, réunit quelques
branches. Il y a tant de pensées dans cet air frais
du soir, légèrement assombri déjà par l'approche
de la nuit, qu'on croit lire un livre en s'attardant

dans la contemplation de ce beau tableau. Voilà ce que c'est que d'être peintre et poète !

Que dire de M. Bernier, si ce n'est qu'il reste toujours digne de lui-même? Son troupeau, sous de grands arbres, *Près de la ferme,* constitue un magnifique paysage.

Entre deux averses, de beaux canards blancs se jettent à l'eau dans un site poétique peint par M. Busson. Sur un ciel un peu gris, un osier léger se balance doucement. Une belle vache rousse, suivie d'une noire, passe en rêvant sous les ombrages. C'est d'un faire doux, sans être vague, et spirituel jusque dans le bout des brins d'herbes.

M. Zuber a été si bien accueilli à Versailles, il y a eu tant de succès, qu'il s'y tient avec raison. Par une belle *Soirée,* l'on voit la naïade de bronze émerger du bassin, bien comprise, énergiquement rendue.

M. Quost nous donne un des panneaux destinés au château de M. Dujardin-Beaumetz, député : *les Bords de la Nonnette.* Trois jeunes filles se baignent dans un site d'aspect printanier. Le vert des arbres est vif, à l'unisson du gazon. L'impression a été rapide et précise. Elle est exprimée sans hésitation. C'est un élan plein de verve et de jeunesse.

Sous le pont de Poissy, entre deux pointes d'île dont les arbres dorés annoncent l'automne, un passeur transporte d'une rive à l'autre deux marchandes et force paniers. M. DAMERON s'est lancé dans le fini avec un rare bonheur. C'est charmant de fraîcheur, l'eau transparente est très vive, et l'on croit entendre le bruissement des feuilles.

M. G. LAUGÉE expose des moissonneuses fuyant *A l'approche du grain,* bonne toile où le don précieux du mouvement propre à l'artiste est sensiblement appréciable.

La Pêche au carrelet, dans la Nièvre. Une pêcheuse, son enfant, leur filet, le décor ensoleillé où ils se trouvent, dans une teinte douce, sont charmants. Signé : LAURENT-DESROUSSEAUX.

Notre attention est attirée par un pittoresque paysage de M. GARAUD, *le Matin, aux champs,* deux jeunes garçons devisant, chien et chat à leurs côtés. Haie fleurie, maison blanche, les enserrent dans un rayon de soleil.

M. Bouchor détache, sur un fond de ciel en fusion, quatre paysans. Deux accortes filles entrent sous bois, accompagnées d'un jeune gars, pendant qu'un moissonneur, étendu sous un arbre, semble avoir pris une trop grosse dose de travail, *Un soir, au temps de la moisson.*

La mare de M. Tanzi, que nul n'égale en ce genre, cache dans les roseaux, *Au bord des saules*, une femme qui vient se baigner.

M. Paul Schmitt est heureux dans sa tentative d'effet de soleil, sur une grande route de *La Ville Neuve, près Rambouillet.* C'est de bon aloi et très réussi.

Arbres légers aux feuilles jaunies, gorge brumeuse d'un bleu matinal, lointains bien fondus forment un chaud paysage, *Derniers rayons d'Automne.* Signé : Tauzin.

La *Source du Cuisancin* s'échappe d'une grotte

moussue aux herbes vivantes. Il y a là des fraîcheurs de palette, des hardiesses d'imitation qui
ne sont pas du premier venu. M. Achille Gros est
un paysagiste d'avenir.

ANIMALIERS

Le ciel un peu sombre, sournois, n'est pas sûr dans le paysage de M. Barillot : *les Hauteurs de Carteret*.

Par prudence, deux vaches rousses sont entraînées vers l'étable. Près de nous, une autre, au pelage d'un brun solide, et dont les pis bondés donnent soif, les regarde partir avec inquiétude. Faut-il donc quitter un aussi délicieux endroit ? À l'horizon, la mer calme est mollement étendue.

Cette scène a tout le charme que M. Barillot sait donner à ses œuvres. Le peintre est intime avec la nature qui lui dit ses secrets à l'oreille.

Remarquons un paysage doré où viennent des vaches très bien brossées par M. Pezant : *Rouge et noire*.

De beaux spécimens de la race bovine et des moutons sur un gazon vert plantureux, une

paysanne sortant de la hutte où elle emmagasine
ses seaux, sont bien vus et bien peints par M. Julien Dupré : *Pâturage.*

La Côte, de M. Debat-Ponsan, est raide, et le
abioureur a peine à pousser ses deux bœufs sur
la montée. Mais il arrivera quand même, comme
l'artiste arrive à rendre sa pensée pleine et entière,
par l'exactitude de son observation et sa docte
expérience.

M. Van der Meulen joue de la race canine à
miracle. Ses quatre *Lutteurs,* à mines variées,
sont imposants. On ne voudrait pas rencontrer
ces messieurs chiens en liberté.

Il paraît que les chats aiment les mathémati-
ques. Voilà une chatte qui donne à ses petits une
Leçon de géométrie que son maître ne goûtera
pas autant que nous goûtons le tableau de
M. Le Roy.

Le Retour d'un troupeau en Provence est
remarquable par la perspective, la poussière qui
monte bien et l'allure des moutons. Signé : Jour-
dan.

MARINES

M. Demont retourne aux grèves désolées qui l'inspirent par leur majestueuse désespérance. L'eau perdue meurt dans les flaques, sous des barques échouées sur cette *Plage du Nord*. La mer indifférente s'en est allée, boueuse de ses convulsions. L'horizon, incendié par le soleil couchant, jette çà et là des reflets sanglants. C'est triste et beau.

La Tour de la Chaîne attire notre attention. Nous sommes à La Rochelle. L'opulente rondeur de la tour, la solidité des constructions, leur éclairage chaud, rosé çà et là, les transparences profondes de l'eau, signent l'œuvre, une des plus réussies du maître, M. Petitjean.

Première audace, premier frisson. Mme Demont-Breton aime la mer, et nous la présente à pleine toile. Point de ciel. La mer, rien que la mer, et dans son écume neigeuse deux gamins nus. Leurs petits cris et leur gros rire, au saisissement que leur produit la fraîche poudre d'eau, arrivent jusqu'à nous. Bien musclés, ces petits gars, avec leurs modelés juvéniles.

Il y a presque constamment dans les ports une lumière humide et grisâtre dont les artistes n'ont pas toujours souci. Cette couleur locale est pourtant de toute nécessité quand on veut rendre la vérité. M. BOUILLÉ s'est avisé de cela. Son *Port de Douarnenez* est « trouvé ».

Les pêcheuses de M. DELAISTRE vont butiner à *Marée basse.* Sur la gauche, au fond, se dresse une falaise. Les tons sont justes, le dessin hardi.

Arrêtons-nous devant *l'Orage montant contre le vent,* marine à grand mouvement par M. de BROU-TELLES. Elles sont majestueuses ces vagues, dans leur ample déploiement, poussant de longs soupirs aux froufrous de soie. M. Broutelles doit être un de ces rêveurs qui entendent des mots dans les grands bruits de la mer.

16.

Une tour blanche est perchée sur un monticule au bord de la mer ; c'est *la Tour de la Hougue,* par M. Guillemet. Nous reconnaissons ces pê‑cheuses, court vêtues. Elles s'en vont, pieds nus, dans les creux d'eau. Inoubliables, les sites si bien vus, si largement rendus par les pinceaux virils du maître ! On respire librement dans ses paysages toujours vrais.

NATURES MORTES

Les magnifiques *Poissons de mer* de M. Antoine Vollon frétillent encore, faisant scintiller l'or et l'argent de leurs écailles. Ce n'est pas la pêche, mais la peinture qui est miraculeuse. Un pot de faïence rouge, un panier, un bel effet de soleil au fond, complètent cette toile enlevée par la main du grand maître.

L'Aiguière d'argent, contenant sans doute un vin exquis, est traitée, sur son fond de velours rouge, avec une infinie délicatesse de touche, par M. B. Desgoffe, le plus élégant pinceau entre tous nos nature-mortistes. Personne n'essaie de l'imiter : on sait bien que ce serait en vain.

Automne, de M. Eugène Claude, étale à nos yeux de magnifiques raisins noirs, des poires et des pommes débordant d'un plat, vermeilles et rutilantes, grosses d'air et de soleil. Une des

pommes vient à nous, engageante, décidée, irrésistible, appelant un coup de dent.

Nature morte. M. CHRÉTIEN vient d'ouvrir des
huîtres, près de deux vieilles bouteilles de « blanc »,
tout en nous rappelant qu'il peint aussi bien les
cuivres que les poireaux. Voilà un peintre qui ne
se trompe jamais ni de crayon ni de pinceau,
chose rare !

M. MONGINOT nous allèche par un *Melon au
sucre*, dont l'arome chatouille agréablement notre
odorat.

Chez un bibliophile, on trouve de vieux livres
à tranches effacées par le temps, à coins frisés.
Des paperasses s'entassent dans un fouillis où
l'esprit amoncelé tient aussi peu de place que possible. Très bonne toile de M. BAYE.

Mlle DESCAMPS-SABOURET travaille religieusement ses tableaux, déjà très goûtés du public.
Après la chasse, gibier dodu et bien en plumes,
est savamment enveloppé et tout attrayant.

M. COUTY nous a fait cuire des *Artichauts* qui
fument avec d'aimables invites.

RELIGION

Nous retrouvons dans *la Charité de saint Yves*
le talent sérieux du chercheur persistant qu'est
M. de Richemont. Des scènes reconstituées chez
lui avec décor et costumes et peintes ensuite,
émane un ressouvenir des choses très frappant.
C'est calme, saint, et d'une grande élévation de
sentiments. Avec les yeux de l'esprit, Yves a
reconnu le Christ parmi les pauvres ; il a vu l'au-
réole de Dieu. Tous les religieux sont nettement
construits, l'air tourne bien autour d'eux.

M. Hector Le Roux, l'helléniste d'essence, a
peint une *Jeanne d'Arc à Domrémy* dans cette
note douce qui lui sied si bien. C'est triste comme
l'avenir de la sainte, et sympathique comme l'auteur.

M. Le Roux a beaucoup pleuré, ses larmes sont
tombées sur ses œuvres. L'art lui restait. Mais

que pouvait le peintre pour l'homme inconsolable ? Oublier lui était impossible.

« J'ai hâte, disait-il, que mon fils et ma fille soient bien installés dans la vie, pour pouvoir mourir[1]. »

Résurrection ! Il est mort à la peine, ce vieux cultivateur dévasté par la souffrance. Le voilà gisant sur la terre ; mais son âme, éternellement jeune, s'envole légère pour d'autres régions, quittant son vêtement humain. Ce tableau, empreint d'une tristesse saisissante et d'un vague espoir d'outre-tombe, est l'œuvre de M. H. Delacroix.

Une grande austérité religieuse règne dans *la Cène* de M. Pinta. Le Christ, la lumière qui rayonne de sa tête, les apôtres, sont rendus avec la grande préoccupation du sentiment divin dont le sujet ne devrait jamais s'éloigner. Le décor est sobre et grandiose. Les disciples n'ont pas cet air de juifs de bas étage qu'on leur donne trop souvent. C'étaient pour la plupart des hommes du peuple ? Oui, mais prédestinés à l'apostolat par la distinction de leur esprit. C'étaient aussi de profonds philosophes. Voilà ce que M. Pinta n'a pas

---

1. Ses enfants ont conquis par amour pour lui de belles situations, et lui s'en est allé comme il l'avait dit, hélas !

oublié. Son œuvre sera-t-elle appréciée autant qu'il le faudrait? C'est douteux. On a si souvent pris cette scène comme prétexte pour des exécutions à succès d'actualité, déploiement de luxe décoratif ou de pauvreté malpropre, voire même d'éclairage électrique! En tout cas, par son style élevé, le tableau de M. Pinta ne peut manquer de trouver des admirateurs.

Nous trouvons le *Christ en croix,* important travail de M. Chanut. On reconnaît les qualités puissantes que M. Bonnat inculque avec raison à toute son école.

Mort de saint Antoine de Padoue, étendu sur une civière. Autour de lui, d'autres moines pleurent ou l'écoutent. Il semble être mort et prêcher encore. Ensemble d'aspect dramatique et contenu, par M. Paul Flandrin.

Des hommes, portant des cierges, passent majestueux. Les visages sont empreints d'une pieuse conviction et donnent une sorte de sainteté à la *Procession* de Mlle L. Lucas.

De M. Fernand de Belair, *la Femme du lévite*

d'Éphraïm, cette « Pureté » morte de sa souillure, est jetée sur les degrés de sa demeure comme un oiseau blessé. Pendant qu'une partie de notre société automobilisée se précipite dans l'inconnu, les roues aux flancs, que les oreilles des jeunes filles du peuple sont salies par des promesses d'unions libres avant même que ces enfants sachent « écouter », il est bon que des hommes de talent rappellent et exaltent par la poésie de l'art la vertu de la femme, chaste pudeur qui fut, est, et sera toujours la force suprême des peuples.

La Légende de saint Patrice, avec ses oiseaux, a toujours donné lieu à d'intéressants tableaux. Celui de M. MORIN est tout mysticisme et charme.

Il n'y a pas de Salon sans communiante. Nous ne nous en plaignons pas. Celle de Mme de MERTENS vient *Chez grand-père* faire une respectueuse visite. La jeune fille et l'artiste sont très convaincues, l'une dans son art, l'autre dans sa religion.

Le Christ va ressusciter Lazare. Il a passé dans une étroite ruelle où la foule l'a suivi. Il étend le bras vers la grotte où gît la mort. Cela se passe dans l'ombre du mystère, ombre limpide qui n'a rien des taches, ni des babochages employés

souvent pour « faire sombre ». C'est peint avec conscience, conviction, talent et amour de l'art. La *Résurrection de Lazare*, par M. Plauzeau, est une
toile sympathique et troublante comme il convient.

Oh! très bien fait, le *Moine de Saint-Pas-
cal*, chantant sous sa calotte blanche, signé: Plu-
ment de Bailhac.

Il est des professeurs qui, sans imposer leur
manière propre à leurs élèves, ont le secret d'insuf-
fler à ceux-ci un peu de leur talent. C'est une
plus-value que les jeunes peintres font bien de
recueillir précieusement. Cela fait dire par les mal-
veillants que le professeur fait les tableaux. Élèves,
laissez dire. Il faut que la bave de la malveillance
se répande toujours. Profitez des précieuses leçons
que vous recevez, et faites comme l'auteur de la
Stella matutina, qui, dans la brume du matin,
rappelle MM. Gérôme, Glaize et Humbert, tout
en restant bien de M. Duthoit.

PORTRAIT

M. J.-P. Laurens, toujours emporté par les œuvres monumentales, s'arrête rarement aux portraits. Il nous envoie pourtant cette année *M. G..*, *ancien président du Conseil municipal*. C'est magistralement rendu.

La toile sur laquelle M. Jules Lefebvre a inscrit ces mots : « A mon ami *Ernest Sanson* », est un chef-d'œuvre de peinture et d'amitié. On sait quelle modestie d'un autre âge enveloppe le grand architecte qui construisit le nouveau bazar de la Charité, le palais Castellane et tant d'autres belles choses. M. Lefebvre a su mettre dans son œuvre tout ce que son modèle a de valeur comme esprit et comme cœur. Sans se départir de ses grandes qualités de précision, il a enveloppé son exécution d'une onction toute particulière. Si l'on n'a pas songé à décorer M. Sanson, M. Lefebvre, lui, l'envoie à la postérité.

Superbe portrait, celui de *M. Stéphen Liégeard,*
par M. Benjamin-Constant. Que dire de ce maître,
aujourd'hui réputé dans les deux mondes, de ce
peintre des souverains, des souveraines et des
grands seigneurs de la finance ? Nos gazettes débordent de ses succès, son nom est dans toutes
les bouches. Notre voix est trop faible pour aug-
menter le concert de ses louanges. Saluons seulement, et admirons.

M. Aimé Morot s'en tient toujours aux hommes
avec un portrait de *M. Edmond Dumont.* Les éloges sont épuisés à l'endroit de ce jeune maître qui
varie sa manière en se jouant, sans jamais s'éloigner du succès. « Ætatis suæ LXXII », se lisent
sur un coin de la toile.

M. F. Humbert a dans son faire un charme tout
particulier, qui procède de l'aquarelle, du pastel et
de la peinture réunis. Certes, l'artiste ne s'en doute
pas ; mais, qu'il le veuille ou non, c'est un fait. Ce
don de rendre les fermetés douces à l'œil, cette
manière puissante et caressante à la fois, caractérisent si bien le maître qu'il est impossible de ne
pas reconnaître ses œuvres entre toutes. Voyez ces
deux portraits d'enfants, *M. Alex et Mlle Elsa
Grand,* si tendrement rapprochés l'un de l'autre,
dans l'éclairage d'un jardin à l'ombrage tamisé.

Très jolie, les cheveux tombant sur les épaules, la jeune fille est vêtue d'une robe d'étoffe légère dont les plis semblent se mouvoir. Le jeune garçon, au visage régulier, intelligent, se dessine bien sous un vêtement de velours souple, la main posée sur la chaise de la petite fille. Il a dans son attitude quelque chose d'affectueux et de protecteur. Beau morceau de peinture que cette toile intime.

M. F. Humbert est médaillé sur toutes les coutures, membre du jury, officier de la Légion d'honneur. Or, M. Humbert est parisien et pour obtenir toutes ces récompenses, il faut qu'il les ait dix fois méritées.

Personne n'ignore de quelles difficultés sont hérissées toutes les carrières pour les Parisiens. Quelque obscur que soit l'endroit où soit né le Français, il aura toujours pour protecteur le maire de son village. En province, les autorités mettent tout en œuvre pour découvrir, faire progresser et grandir les petits prodiges qu'elles découvrent ou croient découvrir. On leur fait donner des leçons aux frais de la localité. On les envoie dans la capitale avec des pensions, toujours aux frais de la localité. Viennent-ils concourir à l'École des Beaux-arts de Paris pour obtenir le diplôme de professeur de dessin, Paris leur paie les frais de voyage et même de séjour. Élèves de l'École, leur pays leur enverra des pensions, des secours pour les aider. Plus tard, veulent-ils des récompenses, des commandes du gouvernement, la croix, ils s'adressent aux députés de leur département. C'est presque un droit, car ceux-ci doivent faire tout le possible et même l'impossible pour illustrer dans la personne de ces solliciteurs le pays qu'eux-mêmes représentent au Corps législatif. Paris est le théâtre des exploits des provinciaux. C'est le rayon de soleil nécessaire au développement et à l'éclosion de tout ce que le monde contient d'intelligent. Mais les Parisiens ! Les Parisiens sont inutiles, gênants même, ils tiennent de la place. Et puis, il y en a si peu qu'on ne croit presque plus à leur existence. Bien malin celui qui parvient à conquérir une petite place dans le grand coin où il a vu le jour, — quand ce coin est Paris. — Eh bien ! M. Humbert est arrivé quand même à ce résultat !

Il n'est pas le seul. Plusieurs autres sont parvenus jusqu'à la célébrité, malgré les obstacles attachés à la qualité de Parisien : Doucet, Renouf, Adan, Thirion, Cormon...

Ces Parisiens se ressemblent tous d'un côté : le besoin de l'idéal, oui, de l'idéal inaccessible aux hommes vraiment pratiques, incompréhensible pour les médiocrités, inutile pour les bourgeois plus ou moins dorés. « L'inexpliqué », cette hantise, ce besoin d'idéal flotte dans l'air de Paris. Tout enfant s'assimile, en naissant, ce philtre mystérieux qui glisse dans ses veines malgré lui, et, par des liens invisibles, l'entraînera sans cesse à la poursuite du « rêvé ». Il le cherchera dans la famille, dans l'art, dans l'amour, au théâtre et jusque dans les bouquets de fleurettes que, dans ses jours de repos, il ira cueillir aux gazons des banlieues. Il le poursuivra toute la vie et l'espérera dans la mort. Il ne pourra jamais s'en séparer qu'en s'étouffant près d'un réchaud, ou en se logeant une balle dans la tête. Car l'idéal c'est l'essence même du Parisien.

C'est sans conteste M. Roybet qui, par l'immense succès accordé à ses œuvres énergiques et exubérantes de vie, de vérité, a sauvé l'art des veuleries où par impuissance l'entraînaient les prétendus rénovateurs. La jeunesse non énervée, ardente à la poursuite du vrai, a reconnu pour maître Roybet, et s'inspire de ses chefs-d'œuvre.

Son portrait de *M. Waltner*, tout cuirassé sous un manteau de loutre terne, est une page de plus ajoutée à sa gloire.

M. Tattegrain n'a envoyé qu'une tête d'homme, barbe et cheveux gris, cravate bleu-perdu, *Étude.* C'est d'une force !... Ce monsieur nous écoute, nous regarde, sans y être invité le moins du monde. N'importe ! Il est le bienvenu.

Mme *la baronne de S...* se présente à nous toute fière de ses charmes et de son peintre. Elle est dans son droit. C'est enlevé.

M. Léon COMERRE étale à plaisir des splendeurs de chair qu'il rehausse encore avec des flots de dentelle noire. Ses modelés sont fermes et souples sans trop de rondeurs, ses compositions gracieuses sans afféterie. Il semble que, cette année, il y a dans sa manière quelque chose de plus osé, de plus impérieux, qui lui ajoute un charme nouveau.

Mlle ROMANI, infidèle à ses nobles fantaisies Louis XIII, a peint une contemporaine qui se trouve merveilleusement parée des incomparables couleurs de la palette romanienne. Elle est belle, attractive, ravissante, *M*^lle *H. D...*, heureuse jeune fille, à laquelle l'artiste a prêté toutes les séductions de ses pinceaux!

Une grande dame, en robe de satin blanc, se dresse devant nous. Elle s'appuie sur une table où sont des fleurs. Un rideau soulevé laisse voir un parc au loin. Le portrait de *M*^me *Voular-Larski* est une des plus belles toiles que nous ayons vues de M. FLAMENG.

M. GLAIZE a peint un gentil petit écolier, vêtu

de velours noir. Le front haut, l'œil vif, l'enfant promet un homme distingué. L'avenir nous apprendra si l'artiste a dit vrai dans l'éloquence de ses pinceaux à l'égard du *Jeune B...*

Des peintres comme M. Maxence nous paraissent indispensables à l'art. Ils sont les défenseurs de la nature, qui, sans eux, finirait par se perdre tout à fait dans l' « interprétation ».

Certains artistes, sous prétexte de ne pas faire « tout ce qu'ils voient », de sacrifier beaucoup à l'ensemble, finissent par ne rien faire du tout comme la nature. Le prétendu « art nouveau » est né de cette utopie en vogue. M. Maxence s'efforce, lui, de faire « tout » jusqu'aux moindres cheveux. De là sa réputation si rapidement acquise. La haute estime où le tiennent les passionnés de l'art le signale aux indifférents, et la nature reconnaissante lui accorde le don de plaire à tous. Voyez plutôt le portrait d'enfant, *J. K..*, exposé par lui cette année.

L'élégantissime blonde *Rostande*, de Mme Vallet-Bisson, dont la tête fine se dessine sous les larges bords d'un grand chapeau vert, serpente bien dans sa longue robe brodée. Le boa posé sur ses épaules fait ressortir sa piquante beauté. C'est dessiné avec hardiesse et très correct.

Le portrait de *M*^{me} *N. N...*, signé Mattig, se présente majestueusement. La dame est superbe avec son manteau de cour et sa robe brodée d'or. Le décor a toute la richesse que comporte le sujet.

* * *

« To be or not to be » sur la cimaise, est une grave question pour les peintres qui ne sont pas « situés ». Ceux-ci s'efforcent d'établir, du haut de leur grandeur acquise, qu'un mètre ou deux de plus en l'air, pour la place qu'occupe un tableau, ne saurait causer aucun préjudice à une œuvre vraiment bonne. Il est certain pourtant qu'on regarde peu ou point ce qui ne s'offre pas directement aux yeux.

Lorsque la porte du Salon s'entr'ouvre, la veille du vernissage, pour les critiques d'art, ceux-ci se précipitent sur les milieux de panneaux, sur les « angles » où ils sont certains de trouver les artistes en renom ; puis ils se sauvent expédier l'article attendu pour le soir même. D'aucuns, ceux qui aiment la peinture, — il y en a très peu, — regardent plus attentivement.

Mais le temps manque absolument pour voir tout ce qui est en bas. Donc impossible de songer à examiner avec une lorgnette (car il en faut une pour les bien voir) les toiles qui sont en haut.

17.

Après le vernissage, « Paris-Presse » emporté par ses actualités ne jette plus sur le Salon que des regards distraits. Il y a peu de lundistes, et la place manque encore à ces critiques-là pour disséquer toutes les peintures échelonnées dans les salles. En dehors de ce que lui désigne la renommée, le grand public ne va qu'aux toiles prenantes.

Mais les artistes qui étudient, les bourgeois, les ouvriers qui ont « payé » et en veulent pour leur argent, regardent un peu partout. Et ce public-là, c'est presque « Tout-le-monde ». Ses réflexions, bien amusantes parfois, sont souvent très instructives. Il y a là des grains de bon sens dont la récolte serait précieuse.

Pour ce public, nous avons dans nos articles sur le Salon de 1900 étendu notre étude jusque dans les hauteurs et passé en revue quelques toiles déshéritées du « noble niveau ». Toutes à la vérité n'étaient pas dignes du premier rang, il faut bien le reconnaître. Cette année, d'ailleurs, l'ascension est modérée, les télescopes sont inutiles, la lorgnette suffit.

Et puis, tout dépend du point de vue où l'on se place. Si l'on regarde les choses d'en haut, c'est le premier rang qui s'offre aux yeux le premier.

C'est aussi une cimaise, celle des anges.

SALON DE 1901

SALON DE 1901

L'Exposition décennale de 1900 avait absolument prouvé que le Grand-Palais, manquant de lumière, n'était pas fait pour les beaux-arts. Il fallait lui donner une autre attribution ou bien le démolir.

«Que la lumière soit faite », s'est écriée la Société des artistes français, pénétrant, Bouguereau en tête, dans les sombres galeries de ce palais.

Et la clarté, tombant à flots du ciel, inonda subitement de ses chauds rayons toutes les salles noires où se mouvaient à l'aveuglette, en 1900, les foules désappointées au spectacle d'un « déjà vu » perdu dans l'obscurité. Ce changement à vue est féerique.

Que ne peuvent-elles revenir, ces foules déçues, pour voir aujourd'hui ce que peuvent nos artistes quand on brise leurs entraves !

A ce « déjà vu », un jury improvisé avait trop sacrifié le présent et l'avenir.

Restés à la porte, les refusés se désespéraient....

Mais les vétérans de la Société, ceux qui la firent riche et l'aiment toujours, les présidents : Bouguereau, Henner, et quelques dévoués, ranimèrent l'enthousiasme de la jeunesse. « Nous sommes encore là », dirent-ils, « pour vous aider, vous
» protéger, vous tous qui avez un vrai talent. Re-
» prenez donc courage, nos fils, et en avant ! Le
» nouveau siècle vous ouvre tout grands ses bras,
» il vous produit au grand jour, soyez dignes de
» lui. »

La jeunesse attendrie s'est remise à l'œuvre et nous donne un splendide spécimen de la peinture moderne. Cette première exposition du xxᵉ siècle est une révélation. A la fraîcheur du renouveau, vient s'ajouter un souffle chaud d'amour, de poésie, de philosophie religieuse.

L'installation de l'École française dans le nouveau temple de l'art est un éblouissement. Ce n'est plus le Palais de l'Industrie si bien « dans la rue » qu'on y entrait sans s'en apercevoir. C'est moins intime, mais plus grandiose et, maintenant, grâce à la haute intelligence des nouveaux présidents, on y voit clair.

Il est donc vrai, comme l'ont prouvé les Michel-Ange et les Hugo, que si l'on fait une chose dans la perfection, on peut tout faire.

Vivent les grands maîtres Henner et Bouguereau, celui-ci pour éclairer le Palais, celui-là pour l'ouvrir à la jeunesse !

ALLÉGORIES

M. Bouguereau, maître charmeur, expose : *Amour voltigeant sur les eaux.* Un enfant aux ailes blanches, se tenant de chaque main à des branches de lierre, caresse du bout de son pied mignon la surface d'un ruisseau fuyant sous l'ombre du feuillage, à l'entour d'un iris en fleur : un rêve mythologique incarné dans un être vivant qui respire, vit. La suavité des contours, les modelés onctueux et souples, aux transparences azurées, sont d'un effet délicieux, attirant, enveloppant. C'est une ivresse des yeux.

M. Bouguereau pourrait dire, en parlant des Parisiens : « J'ai vécu avec eux, et ils ne m'ont pas connu », car ce génie moderne n'est vraiment apprécié que dans les régions où des peuples jeunes ont toute la lucidité du présent et la prescience de l'avenir. M. Bouguereau, dira-t-on, est membre de l'Institut, commandeur de la Légion d'honneur ! Assurément, mais c'est insuffisant pour manifester la juste fierté d'un peuple qui possède un tel peintre. Nos musées n'ont pas assez de ses œuvres, l'Amérique les enlève toutes. Et nous ? « C'est trop cher », dit-on. Belle raison ! Plusieurs clairvoyants s'attachèrent à son char, parti pour la postérité, Seignac, L. Perrault, Elisabeth Gardner et autres. Cette dernière s'approcha tant du style du grand maître qu'il la prit par la main et la fit asseoir à ses côtés. Charmée, éblouie, elle posa sa palette et ne travailla plus qu'à faire la vie douce à celui qui partage avec elle son illustre nom. Mais ses œuvres resteront plus belles que celles de MM. Perrault et Seignac.

Nous ne saurions trop pousser la jeunesse dans cette voie classique où la composition s'unit à l'exécution, dans un sentiment poétique des plus élevés. *L'Amour voltigeant sur les eaux* est un pur chef-d'œuvre.

La *Nymphe*, de M. HENNER, étendue sur le gazon, dans la demi-obscurité qu'elle éclaire de son éblouissante nudité, de sa douce chaleur, est un nouveau succès pour le maître.

Comme cela représente bien la jeunesse, la beauté dont Henner est sans cesse obsédé : la beauté dont il fait son idéal, la jeunesse, qu'il porte en lui malgré ses cheveux grisonnants. Écoutez parler ce maître quand il cause avec ses intimes, et ne le regardez pas. Vous croirez entendre un garçon de vingt ans. De toutes les laideurs de la vie, il ne veut rien savoir. Ce que Dieu fit de beau et de vrai l'intéresse seul. De la création, il ne veut voir que les grandes et nobles lignes. Pour lui, le mal ne sert qu'à faire valoir le bien. Tel est son caractère.

Eh bien ! voyez sa *Nymphe*. Autour d'elle, tous les détails perdus dans l'obscurité ne servent qu'à mettre en vigueur son corps éclatant de beauté. Ce n'est pas en défigurant, sous un gâchis impressionniste, les objets qui entourent cette femme, qu'il arrive à lui laisser toute l'importance du sujet. Non, pour faire ombre autour d'elle il ferme vos yeux sur ce qu'il ne veut pas vous montrer, comme il ferme les siens sur ce qu'il ne veut pas voir. Ceux qui regardent vite ses tableaux ne peuvent point les bien voir.

Beaucoup de personnes qui connaissent M. Henner ne comprennent pas son caractère, le croient sceptique, un peu froid. Il faut, pour le saisir, entendre ce qu'il ne dit pas. Il est dans son silence. La vérité, c'est qu'il ne croit à rien de ce qui est faux, mais en sourit avec pitié, répugne aux feintes affections, et s'enferme en lui-même. Mais aux amitiés profondes et sincères il ouvre son cœur tout grand, comme il ouvre le rideau de son atelier pour laisser passer le seul rayon lumineux qui doit tomber sur son modèle. Voilà l'homme.

Le plafond de M. Bonnat s'élève majestueux.

La Justice, surmontée de la Vérité, des balances à ses pieds, triomphe de l'Hypocrisie et du Vice avec cette vigueur de composition, de forme et de couleur qui caractérisent le maître de l'énergie esthétique.

Il s'agit ici de la Loi. Ce n'est pas un salon ni un théâtre qui attend l'œuvre de M. Bonnat, c'est le Palais de Justice, la première chambre de la Cour d'Appel. La composition hardie, colossale, exécutée avec de formidables pinceaux, est faite pour frapper l'esprit des coupables et faire réfléchir les juges. Cette Vérité, armée de son miroir et commandant la Justice, menace bien d'un châtiment inflexible ceux que le mal aura saisis et amenés devant elle. Il était impossible de comprendre mieux le sujet et de l'exprimer avec une plus majestueuse autorité.

M. Tony ROBERT-FLEURY se tient dans les petites toiles, et se rappelle à nous par deux ravissantes têtes de femmes blondes. Celle-ci appuyée sur son coude, près d'un bureau où se trouve une lettre ouverte, réfléchit. Celle-là, coiffée d'un bonnet léger, un fichu aux épaules, rêve... Caressées par un maître attentif, ces deux têtes *Mélancolie* et *Lucile* sont d'excellentes choses.

Le Réveil d'Éros par MACHARD, s'élevant dans

les cieux, est d'autant plus troublant qu'un triste rapprochement se fait involontairement dans l'esprit entre ce dieu qui part et l'âme du peintre qui s'envola, dès que son œuvre fut achevée[1].

M. COMERRE nous montre aussi l'Amour. Cette fois il est endormi et la curieuse Psyché en profite pour le regarder. Sa lampe à la main, elle approche doucement. Être aimée ne lui suffit pas, elle veut voir qui l'aime. M. Comerre a rendu la scène dans la teinte dorée projetée par la lampe. L'Amour est un enfant, Psyché une grande enfant à peine jeune fille. Galbeuse, à demi couverte d'un frêle tissu, sa silhouette serpente gracieuse, sous les reflets de la lumière. Le connaître, ce mystère, se l'expliquer! c'est l'éternelle histoire du cœur et de la pensée. *L'Amour et Psyché* est une de ces exquises compositions, sans effet forcé, qui survivent aux siècles, quand se tait le tapage fait par les renommées menteuses autour des mauvaises toiles.

Le plafond de M. Gabriel FERRIER, ravissante chose comme mariage de nuances, réunion de pensées, envolée d'imagination, a tout l'éclat inhérent à la palette de ce riche coloriste. C'est au théâtre de Nîmes qu'est destinée la *Poésie Proven-*

---

1. Jules Machard est mort en 1900.

çale présentant Mireille à la Poésie Française
Jeunesse, conviction, puissance, se sont harmonieusement unies pour la gloire de l'artiste dans
cette superbe peinture.

Rien à reprendre dans le *Fléau*, de M. DANGER,
la guerre, terrible géant qui s'en va par les villes,
sa massue à la main, écraser le monde lilliputien
que nous sommes.

La Légende de la reine de Saba nous transporte
en pleine féerie. M. ROCHEGROSSE, au talent fantai-
siste, sème à profusion sur sa toile des perles, des
pierreries, de l'or, de la lumière dont les étincel-
lements vous éblouissent. Les passionnés d'art
n'ont pas oublié comment la jalousie, l'envie, cou-
pèrent les ailes de ce peintre, sous prétexte que,
trop jeune, il voulait voler trop haut vers la médaille d'honneur. Qu'est devenue cette œuvre magnifique?

M. MARIOTON fait pleuvoir sur nous des roses
échappées de son exquis plafond : *Symphonie des
fleurs...* et des femmes, si bien mélangées qu'elles
se fondent les unes dans les autres en des modulations infinies, crescendo et decrescendo de
tons si ménagés que l'œil les suit sans fatigue

dans un doux ravissement. Ce plafond s'étendra
sur l'heureuse tête de M. L...

Même au foyer détruit, la flamme peut renaitre,
dit Mme Demont-Breton, comme suprême consolation. Elle nous montre une femme en pleurs, un
voile noir sur sa robe tricolore ; mais, à ses pieds,
brûlent encore quelques tisons. Près du vieil écus-
son où se lit : « Transvaal », gît un sac vide où
fut l'or autrefois... C'est touché de main de maître.

M. Bisson aime les choses éthérées. Pour lui, la
femme c'est la beauté même. Cette beauté doit
être idéale, et le reste est chose secondaire. Il
arrive à nous représenter des créatures de rêve
comme celles qui figurent dans sa toile. Leurs
ondulations de corps, leurs lignes ménagées, cares-
sent toujours le regard sans l'arrêter. *La Rosée*
s'étend sur les fleurs, chevelure dénouée. L'herbe
transparaît sous sa robe irisée. Son visage, d'un
charme aérien, a des blancheurs prises aux nuages.

Plus loin, *Alerte,* deux jeunes filles, l'une en
rose, l'autre en blanc, coiffées de tournesol ou de
roses, des fleurs en ceinture, nous regardent, en
souriant des lèvres et des yeux. Pendant ce temps,
l'Amour se faufile dans leur voile que le vent soulève. Alerte ! mesdemoiselles, l'ennemi est proche !

Ces deux œuvres font de jolies taches fraîches et pures.

Une splendide cascade de *Sirènes*, toutes plus belles les unes que les autres, enlèvent l'Amour sous les riches pinceaux de M. LALIRE. Elles, infidèles à la fable, ne chantent pas; mais toute la peinture chante pour elles. C'est un concert de beautés.

HISTOIRE

Ils sont nombreux cette année encore nos peintres militaires. Le maître DETAILLE ouvre la marche triomphante avec *le Maréchal Masséna* qui ne peut certes rien ajouter à sa gloire, mais ne le cède en rien à ses autres œuvres. De ce célèbre peintre de scènes guerrières on ne peut plus rien dire. Quels que soient les éloges, ils seraient au-dessous de sa grande réputation.

Le cardinal de Richelieu et l'Éminence grise, importante exposition de M. CHARTRAN, cause un certain émoi chez les peintres. On critique, on discute; la défense riposte à l'attaque. N'importe, c'est un beau tableau.

M. ORANGE a peint *les Débuts de Marbot.* La scène se passe dans la chambrée. Le maréchal des logis Pertelay fait deux crocs noirs avec de la

cire sur le visage de Marbot pour lui improviser
des moustaches encore absentes. Lui, très respectueusement, reçoit de son supérieur le tatouage
dont nul n'ose rire, à l'exception d'un tout jeune
homme que le maréchal des logis ne peut apercevoir. Aquarelle à succès tapageur et très bien
peinte.

M. BOUTIGNY s'inspire des célèbres mémoires et
peint *Marbot à Iéna.* C'est d'un effet saisissant,
par un chercheur amoureux de son art. Marbot,
attiré par les cris de deux jeunes filles qu'assaillent d'irrespectueux soldats jusque dans leur
chambre à coucher, cravache les drôles, pendant
que leurs victimes, encore tout effarouchées, restent blotties l'une contre l'autre au pied de leur
lit. La scène est bien rendue, avec des soins de
détail qu'on aime à remarquer : tentures du lit,
lampe, placée sur la table de nuit, jetant sa lumière diffuse jusque sur la fine lingerie des oreil-
lers, caisse à bijoux ouverte, renversée... Toile à
sensation.

L'Infante à l'opulente chevelure d'or, de Mlle Ro-
MANI, est de son meilleur faire, toujours d'inspiration, d'élan. C'est noble d'allure, riche d'exécution. Voilà de la peinture qui ne se discute pas.

M. Surand, sachant que *Caïus Caligula* donnait des criminels et des esclaves à manger à ses fauves quand la viande coûtait trop cher, nous montre la scène magnifiquement peinte et crânement dessinée.

Quelle émouvante journée que celle de Marengo ! Desaix, à peine arrivé d'Égypte, accourt sur le champ de bataille, au bruit du canon. Sa venue rétablit la fortune de nos armes. C'est la victoire, mais aussi la mort ! Le jeune général tombe, frappé en pleine poitrine par un boulet autrichien ; ses soldats le relèvent et l'emportent pour l'ensevelir dans son triomphe.

M. Le Dru a parfaitement rendu cette *Mort de Desaix à Marengo*. Il ne manque jamais ces scènes militaires toujours pleines d'entrain et d'émotion.

Picard et le sergent Bourgogne, épisode déchirant, est finement raconté par M. Geo Weiss. Une voiture brisée, son cheval mort ; à côté, un cadavre ; tout est sous une couche épaisse de neige. Les corbeaux arrivent à tire-d'ailes, des passants regardent ces débris glacés. C'est déchirant.

La Campagne de Hollande est un bel effet de neige, en même temps qu'un sérieux tableau d'his toire. M. Lalauze fait honneur à son professeur, M. Detaille.

M. Umbricht évolue entre Roybet et Bonnat. Voyez plutôt son *Seigneur d'autrefois,* solidement établi.

GENRE

Un des beaux tableaux que notre siècle aura produits sort des pinceaux de M. ROYBET. *Les Savants*, œuvre magistrale, met les amateurs en émoi. Un monde de science est entre ces deux hommes largement touchés qui pensent, étudient. Comme il cherche bien dans sa pensée le renseignement qui lui manque, cet homme qu'un disciple attentif interroge du regard ! De riches vêtements fourrés couvrent de plis amples, grassement chiffonnés, leurs corps puissamment construits. Bravo Roybet !

M. H. LÉVY emporte toujours notre imagination dans les régions élevées. *Le Dieu et la Bayadère* est d'une suavité de lignes, d'une douceur de touches, qui troublent délicieusement l'esprit. C'est d'un goût comme arrangement, d'une grâce comme composition qui nous enthousiasment. Ils montent bien tous deux dans la fumée, dans la flamme, ce Dieu et cette Bayadère de Goëthe !

La Passante, par M. H. Lucas, est tout simplement charmante et révèle chez son auteur des qualités d'élégance et de séduction qui viennent s'ajouter à son énergie si connue. Visage, mains, costume aux gazes vaporeuses, tout est bien féminin.

On étouffe, en passant à côté du *Laminoir,* de M. Gueldry. C'est à peine si l'on peut s'arrêter un instant pour admirer la correction anatomique des académies qui s'y trouvent, rudes gars subissant la condamnation de l'être au travail.

Très beau ! un peu chaud.

Le ciel est clair. A droite, quelques maisons, d'assez pauvre apparence, s'appuient les unes sur les autres au bord d'un chemin tranquille où va passer seulement un homme. Il marche à pas réguliers, un paquet de hardes sur le dos. Nul ne sait d'où il vient, il ignore où il va, c'est *le Chemineau,* de M. Adan, dont les pinceaux souples, le regard juste, et le sens du vrai très développé mettent toujours une histoire dans les tableaux qu'il fait. C'est là le secret de son succès. Partout il trouve l'âme des choses et la montre. Ici c'est l'homme passant dans la vie, de la naissance à la mort.

Une femme d'Orient soulève son voile pour se montrer à nous entre des lauriers-roses. Sa robe d'or, sa ceinture bleue, les élégants détails de son costume, rendus par les magiques pinceaux de M. SAINTPIERRE, ajoutent à sa beauté naturelle. Son *Attente au rendez-vous* ne sera pas longue, certainement.

— *Quo Vadis*, Vinicius?
— Je cours vers Rome en feu, répond le tribun, lancé à toute vitesse vers l'incendie par M. CHECA.
Vinicius trouvera Lygie : elle est au Salon deux fois.

M. DANGER qui nous a frappé par sa guerre, *Fléau* gigantesque, attire par un contraste voulu notre esprit sur les bienfaits de la paix :
Commémoration de la conférence de La Haye est l'image magnifique de ce congrès désormais fameux, où les envoyés de tout l'univers, à l'appel du tsar, vinrent entendre les apôtres de la paix universelle. C'est là le premier coup porté au monstre destructeur que M. Danger lui-même nous a peint si terrible et si inattaquable. La pierre qui abattra le colosse est lancée. « Impuissante », dit en souriant le monde ! Qui sait ? Elle roule, roule vers lui, l'atteindra tôt ou tard aux pieds, et pourrait bien le faire s'effondrer comme une masse sans

base. La scène est rendue avec un remarquable talent. La reine de Hollande, l'empereur de Russie, surveillant le grandiose débat entre la Guerre et la Paix, sont dessinés avec une parfaite exactitude, ainsi que les divers ambassadeurs des puissances.

Vingt *Études* remarquables de M. Moreau de Tours[1] attirent nos regards. La mort, qui de sa large faux moissonne nos artistes, ne le fait pas si vite cependant qu'ils n'aient le temps de nous laisser de précieux souvenirs.

Une petite fille, écartant les blés, vient à nous pieds nus, chargée de fleurs des champs. Elle porte fière sa *Fraîche cueillette*, un peu lourde pour ses petites mains. « Je suis peinte par M. Monginot qui vient de mourir », dit-elle. « Je ressemble à sa fille. » Et l'on sent le cœur se serrer devant ce cher souvenir d'un peintre sympathique, envers lequel l'avenir sera plus juste que ne fut le passé[2].

Le sujet n'est pas poétique, mais il est certainement bien traité. *Les Boueux*, ramassant les

1. Georges Moreau est mort en 1900.
2. Charles Monginot est mort en 1900.

ordures, le matin à l'aube, leurs chevaux, leur tombereau, les chiffonniers qui les regardent sont pris sur le fait par M. Emile JACQUE, avec un très grand talent.

Le Soulier de la poupée, soumis par une petite fille à l'appréciation du savetier, qui l'inspecte avec l'attention qu'un archéologue apporterait à l'examen d'un aérolithe, est déclaré défectueux. La poupée, pieds en l'air, sa maman, tête en avant, sont d'une conviction très amusante. Un succès de peinture et de rire pour M. BRISPOT.

M. MAXENCE étonne par sa scrupuleuse interprétation du vrai, cet art si difficile que peu de peintres y atteignent une supériorité. On peut dire qu'il est le premier dans ce genre. La jeunesse ne saurait trop s'édifier en voyant ces deux têtes, à la manière des primitifs qu'elles surpassent, s'inclinant vers *le Livre aux œillets rouges.*

Mme Consuelo FOULD s'est inspirée d'une création de lord Byron : *Zuleika.* « Au déclin des chaudes journées, quand l'ombre descendait sur la mer, Zuleika rêvait à ce que pourrait être le paradis dans l'infini des cieux. »
La jeune fiancée, à peine voilée de longues

gazes noires, est étendue sur un lit de repos, sa jolie tête soutenue par sa main fine que baigne un torrent de beaux cheveux blonds. Un ample rideau soulevé laisse voir au loin l'Océan. Cette étude de nu contient de réelles et très grandes qualités. La couleur des chairs a des éclats d'une puissance extrême. La composition est enlevée avec une hardiesse tout à fait puissante.

Mme Consuelo Fould est douée d'un tempérament artistique auquel elle a encore donné libre cours dans *la Dame de Cœur*, vrai succès du Salon. Hardiment jetée sur son bras de fauteuil, belle, accorte, agressive, bien dessinée, largement peinte, elle élève, triomphante, la carte toujours désirée des cartomanciennes. C'est gai, enlevé, enlevant. Ce peintre progresse toujours sans rien perdre de l'originalité de son faire très personnel.

Nous aimons *l'Aube*, de M. ADLER. Le fond recule très bien, les travailleurs s'espacent avec justesse, allant et venant sur le bord de l'eau, pendant que s'élèvent légèrement les brumes du matin. Tableau d'un aspect agréable et sérieux tout à la fois.

Vient après lui Colin-maillard : *les Apprêts du jeu. « Combien de doigts? »* demande une jeune blonde à la rousse dont les yeux sont bandés. Il faut bien s'assurer qu'elle n'y voit pas. Un garçon veut profiter du moment propice pour lui baiser la main. « Qui est-ce ? » demande-t-il en s'approchant. Mais la brune qui attache le bandeau crie : « Casse-cou ! »

Il y a là beaucoup de gaîté, de mouvement, une heureuse réunion de couleurs harmonieuses.

Cette composition élégante et jeune rappelle la manière des peintres du xviie au xviiie siècle, mais l'exécution est toute moderne. Élève de M. Vollon, Mlle ACHILLE-FOULD a, dans ses étoffes, son fond, ses accessoires, des vigueurs qui forment un contraste heureux avec la délicatesse des nus au dessin correct, aux chairs transparentes. Élève également de M. Comerre, ce grand prêtre de la beauté féminine, elle s'impose comme obligation de faire des femmes aussi belles que possible et il faut bien avouer qu'en ce genre Mlle Achille-Fould tient un peu le record au Salon. Est-elle assez jolie cette adolescente qui vient à nous, à tâtons, les yeux bandés, son minois rose épanoui ! Tableau gracieux et masculin tout à la fois, spirituel, ce qui ne gâte jamais rien.

M. CHOCARNE-MOREAU réjouit nos yeux par tous ses gamins jouant à *la Main chaude*.

Au dispensaire, le jour du dentiste. Pauvres

bébés ! ils ont bien mal aux dents. Le premier montre à fond sa misère ; le second a peur. Une petite fille apporte son jeune frère, qui réclame aussi des soins. Voyez comme elle rit, la sans cœur qui ne craint rien pour elle-même ! M. Geoffroy nous a fait de cette scène un charmant tableau.

M. Georges Busson joue agréablement aussi de la note gaie dans un étonnant *Retour du mont Saint-Michel*. La voiture, qui n'avait pas compté avec la marée montante, ne peut sortir de l'eau, malgré les trois postillons qui fouettent dur leurs cinq chevaux. Un jeune militaire et un autre voyageur portent à la « chaise-madame » une jolie jeune personne, pendant que sa mère ou son chaperon, jupes retroussées, traverse à pied la mer qui leur a barré le passage. Piquant tableau que le soleil couchant couvre d'or.

La Jolie soubrette, se fardant avec la poudre de sa maîtresse, est un élégant tableautin, plein de fins détails, par M. Alexis Vollon.

Ravissante ! *la Leçon de géographie,* par M. Geo Weiss.

Voyez-vous comme il est grave ce vieillard en livrée, présentant au cardinal un buisson d'écrevisses ! Et comme ce cardinal, sa table couverte de dentelle, ses meubles, ses bibelots sont amoureusement traités par M. Alfred WEBER. *Deo gratias !*

Bien comprise l'*Hygiène* qui force le bon curé à laisser sa soutane pour se plonger dans une baignoire, où il passe gaîment son temps en lisant quelque bonne histoire. Brosse, pantoufle, éponge l'attendent. Tout à fait vrai, ce que peint M. A. Weber !

Étude, de Mme Laure LE ROUX-REVAULT est une femme séduisante qui nous rappelle le faire éclatant de la charmante Romani, magicienne de la couleur. Mme Le Roux-Revault s'efforce de l'imiter, et ne saurait mieux faire.

Elle est là, tranquille sous la feuillée, cette jolie lavandière. Et voilà qu'un entreprenant chasseur fait *Un écart* pour lui conter quelque chose qui la fait bien rire... et la fera peut-être pleurer plus tard. Toile bien peinte et très amusante par M. GAUDEFROY.

Regardez la vieille paysanne en coiffe blanche, assise près d'une fenêtre et réparant son filet. Devant elle, un petit chat emmêle le fil sur lequel ses pattes de velours se replient. Par la fenêtre ouverte entre un rayon de soleil éclairant ces deux êtres vivants. *Heureuses les âmes simples,* dit Mlle MERCIER, qui vise le but même de l'art : faire penser. Ce rayon qui pénètre dans un modeste intérieur, le sourire de la vieille femme, ne nous disent-ils point que le bonheur est pour tous et dans tous les âges, mais qu'il est surtout l'insépaparable compagnon du travail et de la paix?

Les tableaux de genre deviennent de plus en plus nombreux et cela s'explique. Chaque artiste peut y donner carrière au caractère spécial de ses inspirations. Des poètes et des rêveurs aux positifs la transition est brusque ; mais l'idéal n'est pas toujours banni du domaine de l'observation pratique. Certains peintres savent éclairer du reflet de leur pensée les sujets les plus prosaïques : ils cherchent et trouvent dans la réalité l'esprit de la matière.

D'autres s'efforcent d'éveiller en nous de nobles sentiments, d'y faire surgir par leur œuvre l'impérissable idée du bien. Ces philosophes peignent la souffrance humaine, les humbles, les déshérités de la vie, et nous ne songeons pas à leur en vouloir de nous faire pleurer, parce qu'ils cher chent à nous rendre meilleurs.

PAYSAGE

Ce qui caractérise nos paysagistes, c'est qu'ils ont tous une personnalité distincte. Chacun saisit la nature par le côté qui le touche le plus. Chez celui-ci, c'est la pureté d'atmosphère où le souffle de l'homme s'étend, se rafraîchit, où la pensée se dilate. Chez celui-là, c'est la profondeur des forêts où l'esprit se calme, où les tristesses se perdent. Chez d'autres enfin, c'est la vaste étendue des champs et des prairies sous l'immensité des cieux, et chacun, dans son genre d'inspiration, s'exprime avec noblesse.

La Plaine de Thèbes, pendant l'inondation du Nil, fait rêver. Deux sphinx sortent de l'eau. Deux flamants, oiseaux haut perchés sur leurs pattes, sont seuls à les regarder. Posés sur les proéminences qui émergent dans les herbes de la nappe humide, ils secouent leur plumage gris ou rose en toute sécurité : le pays leur appartient. Un air de tristesse plane sur l'ensemble.

Nul autre que M. Gérome n'eût pu charmer, intéresser et plaire avec une scène aussi simple.

On croirait par moment que M. Harpignies détient toute la nature entre sa palette et son pinceau. Regardez *la Tête de chien,* souvenir de Menton. Quelle puissance, quelle profondeur de ciel, quelle pureté dans cet air chaud du Midi !

Et *Matinée d'automne?* Le sol ferme et fertile tient sous les pas, et ces grands arbres majestueux s'y cramponnent pour s'élancer hardiment vers les nuages et les regarder en face.

Le paysagiste M. Jules Breton, qui peint dans ses poèmes et chante dans ses tableaux, est un type d'idéal complexe des plus frappants. Ses œuvres inspirent une secrète et attirante sympathie en dehors de l'admiration qu'elles commandent. Ses paysannes ont un charme austère et mystérieux qu'elles semblent tenir du sol, chaud de soleil ou voilé de brume, où elles ont fleuri. Les œuvres de M. Jules Breton sont des Millet sur lesquels est descendu l'esprit des champs et des bois après la prière de l'Angélus. Son envoi se compose de deux paysanneries : *le Foin,* une

petite femme passant, une autre, au fond, jouant
de son râteau pendant que le soleil lui caresse le
dos. C'est mystérieux, doucement vrai. L'atmosphère est légère, le ciel rose. Qu'on serait bien
là!

La Mauvaise herbe que fait brûler une jeune
fille, carrément appuyée sur sa fourche et coiffée
d'une note rose foncé en opposition avec sa chemise blanche et son tablier bleu, est une belle toile
d'une valeur artistique intense. Signé : Jules
Breton.

S'il est des pourchasseurs de muses qui, avec
de l'encre et du papier, nous montrent des sites
ombragés, des prairies en fleurs, des mers, des
forêts que nous voyons vraiment et n'oublions jamais, il est aussi des peintres-poètes dont les œuvres ont le secret d'éveiller en nous les sensations
profondes, les troubles indéfinissables qu'excite
l'aspect de la vraie nature. M. F. MICHEL, avec
son admirable *Clairière en forêt,* nous donne
toutes ces émotions. Nul peintre, à un plus haut
degré, n'a le don de faire naître des idées avec
ses pinceaux.

M. BUSSON ne nous envoie que deux petites
toiles, mais tout à fait hors ligne : *Lavardin,* les

ruines d'un château. C'est fini, doré. Le fond s'en va sous les méandres d'un ruisseau, bleu par ci, gris par là. Le soleil vient de gauche. Le ciel, tout petit qu'il est, paraît immense.

L'autre tableau est *Un soir en Berry*. Au premier plan, un ruisseau passe en sautillant sur des bords moussus. Le fond se perd en tons opalins. D'en haut, le soleil cherche l'eau pour s'y mirer légèrement. A droite, un arbre jaunit; ses feuilles s'éparpillent hors de la toile. C'est charmant.

M. ZUBER nous conduit *En pleine forêt (Haute-Alsace)*. Il nous montre un paysage où l'air se glisse bien entre le feuillage. Le sol s'y étend, sans secousse ni ficelle, des premiers plans aux derniers. Les colorations sont énergiques, sans dureté, les brumes légères, douces, et les reflets de lumière tombent à leur place.

L'Allier à Pont-du-Château, où la route passe si bien sous le soleil dans une scène frappante de naturel, s'épanouit avec bonheur sous le grand jour qu'elle ne craint pas. Comme Vollon, M. PETITJEAN s'est fait lui-même, sans professeur aucun, avec ses seules aspirations. De là, ce charme personnel qui donne la puissance à ses œuvres.

M. Guillemet fait des infidélités à son Paris. C'est le Loing tranquille qui le tient. Voici *Novembre à Moret* et *les Vieux moulins à Moret*. Les eaux, la verdure, les maisonnettes sont bien peintes telles qu'elles sont, comme le maître les aime et nous les fait aimer.

M. Demont surprend la nature dans ses *Dernières tendresses d'automne*, au moment où le soleil, devant les menaces de l'hiver, paraît faire ses adieux à la terre. Nous avons un plaisir de raffiné à voir M. Demont nous raconter ses extases, ses rêveries devant le spectacle de la nature.

De Mont en val, qui s'étend au loin sous une brume claire, un ciel léger, ne fait pas moins rêver. Il y a dans le talent de M. Demont le charme que laisse un rêve heureux. Il nous peint la réalité, mais à des heures où le vrai est l'idéal et nous émeut profondément en évoquant en nous l'écho de leurs pensées.

Passons rapidement sur *la Neige* de M. Luigi Loir. Elle est très bien faite, mais elle nous donne trop froid quand on a soif de printemps.

L'air est fluide et le feuillage léger, dans le *Pan-*

neau décoratif commandé par l'État à M. Quost. C'est d'une originalité, d'une finesse dont la réelle valeur se révèle à l'examen attentif.

Les Amours du bassin de Versailles sont très délicatement mis à l'effet par M. Franc Lamy, et l'eau est d'un réussi !

Une rue de Biskra (Algérie), représente bien le pays comme atmosphère et caractères de types orientaux. Les têtes d'homme sont fines. L'ensemble se tient dans la gamme voulue. M. Lazerges, savant orientaliste, reste fidèle à ce genre qui fit un temps fureur, et sera toujours intéressant.

Eau d'un cristal pur, hutte ensoleillée, feuillage fin et gras, pâte hardie : voilà *le Vieux Moulin de Kérizel près Quimperlé,* par M. Paul Schmitt, notre jeune paysagiste, un favori du public.

Remarquons en passant le *Bouquet d'ormes en été,* signé : Debon, un sympathique.

M. Fath, tout comme les belles dames en élé-

gantissimes robes d'intérieur, donne des matinées :
Matinée de septembre, Matinée d'hiver. Et c'est
toujours harmonieux, frais, parfumé de feuillage
et d'air pur.

Un paysage de M. DELAISTRE : *La Celle-sur-Morel,* arrête nos regards. Gazon vert au premier
plan, église à gauche; à droite, un arbre grêle;
l'eau occupe le centre, et l'on voit au fond un
petit vapeur filer doucement, laissant derrière lui
sa fumée. Une teinte chaude anime ce coin de
nature. Le peintre a de très appréciables qualités bien à lui. Il court au succès.

M. TAUZIN expose une toile intéressante et
très bien peinte. C'est *Paris fin-de-siècle,* la
grande Exposition, très beau panorama, souvenir
précieux du patriotisme moderne, tout amour du
travail et de ses triomphes.

ANIMALIERS

Un bel effet de nuit, *la Rentrée du troupeau,*
dans un air humide et légèrement argenté par la
lune, est dû aux pinceaux de M. VAYSON. La lumière que porte la femme, descendant un escalier
et faisant opposition au clair de lune, atteste un
raffinement de science picturale.

L'envoi de M. BARILLOT se compose de *la Rivière de Guettehou,* où viennent se baigner deux
belles vaches près d'un jeune saule. A gauche,
des ormes les regardent. De jolis canards les
accompagnent.

Il y joint *Deux inséparables,* vaches plantu-
reuses, nourries d'herbes luxuriantes. Leur pelage
est d'un luisant coquet. Elles nous regardent avec
une profonde philosophie, quelque peu moqueuse.
Le ciel est rosé, ses fonds vont s'évanouissant. Il
y a dans le talent de M. Barillot une franchise,

une recherche du bien, qu'on retrouve sur sa physionomie, et qui doivent être son caractère même.

Les œuvres de M. Dupré : *Au bord de la rivière* et *Au soleil,* sont frappées au cachet du maître. Vaches blanches et noires foulent l'herbe grasse, près d'une accorte laitière, aux seaux crémeux. Plus loin, des prairies jaunissent. Soudain un rayon de soleil tombe sur l'épaule d'une paysanne, ou court entre quelques branches, poursuivant un ruisseau. C'est toujours de la vraie campagne.

Le Soir, dans les ramiers, marche silencieux et triste le troupeau de M. Debat-Ponsan, scène mélancolique, très bien traitée.

De belles vaches de M. Watelin passent dans une eau claire, venant du *Moulin de Nesle Normandeuse.*

Dans *la Jeune femme au perroquet,* Mlle Guyon a surmonté vaillamment de grandes difficultés en peignant si bien l'oiseau. La jeune femme est parfaite, oui. Mais pour un œil exercé là n'était pas le plus grand problème à résoudre.

19.

Voilà donc enfin Mlle DESCAMPS-SABOURET sur la cimaise ! Tout vient à point à qui sait attendre. Ses *Pigeons et faisans* sont très réussis et nous voyons avec plaisir qu'on rend justice à l'artiste dont nous signalons les efforts heureux depuis plusieurs années. Les nature-mortistes ont plus de peine que d'autres à se frayer un passage.

MARINES

Superbe, la belle toile de M. Petitjean, *Dunkerque*, avec ses bateaux aux brillantes couleurs, ses flots transparents.

M. Dameron nous rappelle bien *Antibes* et son Fort carré, sa mer bleue, sous un ciel d'éternel printemps.

Oh! hisse! Les solides marins de M. Haquette enlèvent tous les suffrages des connaisseurs. Oh! hisse!

Un petit canal, et *le Marché des herbes,* à Venise, sont deux cartes princières de M. Saint-Germier.

Les belles vues de Venise, par M. Bompard : *le Grand canal,* puis *San Giovani et Paolo,* égayent de leurs vives couleurs des salles un peu sérieuses.

Vaste, chaude de sable ensoleillé, s'étendant au loin, *la Plage de Berck* est fidèlement reproduite. Dans le lointain, d'innombrables baigneurs prennent leurs joyeux ébats, sans voir que M. G. Garaud, consciencieux, fixe leurs silhouettes sur sa toile. A l'aspect de ce fourmillement dans le sable, des velléités de bains de mer nous agitent.

NATURES MORTES

Le *Reliquaire du XVIe siècle*, et les objets précieux qui l'entourent, ne sont-ils pas de vrais trésors de peinture dus à M. B. Desgoffes?

Calice (Cristal de roche) prouve à quel degré de perfection peut arriver un artiste, emporté par le besoin du mieux. M. Blaise Desgoffes est de ceux-là.

M. Eugène Claude nous présente de beaux pigeons gris, un pot de cuivre, et une *Dinde* prête à rôtir.

Une autre toile, intitulée *Dans mon salon,* groupe avec art des fleurs embaumantes, admirablement faites par ce virtuose du genre.

En *Fin de saison,* M. P. Bourgogne entasse

sans scrupule, dans une vulgaire marmite, de beaux chrysanthèmes violets et roses, enlevés avec la facilité toujours étourdissante dont il dispose.

M. A. Grivolas nous montre de belles *Roses d'hiver*, vues à Antibes.

Toujours du meilleur goût, les *Fleurs* de Mme Bonvalet-Barillot.

Chaque année, M. Magne perfectionne sa facture. Un *Coin d'office après la chasse*, faisan, chevreuil, perdreaux, en fait foi.

Pivoines et primevères de Mme J. Amen sont d'un faire savant, décoratif, d'une large composition, aux contours moelleux. Nature morte de haute distinction.

M. Allouard est toujours ascendant. Sans compter son beau *Jardin de l'abbaye*, nous avons *Une cueillette d'iris*, jetés au bord de l'eau, frais et justes de tons.

Les belles roses que vous avez si bien disposées *Sur la terrasse,* au bord de la mer, vont se flétrir à l'air salin, madame Dury-Vasselon! Ce serait dommage. Quel luxe de couleur et quel suave parfum! Les *Prunes* courent moins de danger. Elles sont mûres et affriolantes.

La petite *Nature morte,* maïs et raisins, de M. Cháplain, qu'on peut trouver un peu sèche dans une époque où le plâtrage domine, est faite à la manière ancienne, et tout à fait remarquable.

RELIGION

Comme les sujets abstraits, la religion, la légende ajoutent à la peinture l'irrésistible charme
du mystérieux.

M. Tᴀᴛᴛᴇɢʀᴀɪɴ se repose de ses vastes toiles à
grands triomphes, justement mérités, par un tableau de modeste dimension : l'*Image miraculeuse,* une statue de la Vierge arrivant seule sur
une petite embarcation, précédée d'un ange transparent, ailé, qui tient un rameau d'olivier. **A**
droite, est un grand bateau portant force marins,
très émus du spectacle qui s'offre à eux. Nous
apprenons ainsi :

> Comment la Vierge à Boulogne arriva
> En un bateau que la mer apporta,
> En l'an de grâce, ainsi que l'on comptoit
> Pour lors, au vrai, six cens et trente trois.

Nous aimons cette peinture aux aspirations variées, toujours traduites avec talent. Il serait à
souhaiter que M. Tattegrain eût une école et
s'occupât de la jeunesse. Il aurait sur elle une

influence bienfaisante. C'est là le grand rôle des peintres arrivés. Se faire un « retiro », s'y reposer sous ses lauriers serait d'un égoïsme coupable envers l'art et le pays. Les devoirs d'un homme envers le progrès ne se restreignent pas à la durée de la vie.

Venez à moi, de M. WENCKER, fait grand bruit. Le Christ, resplendissant de lumière, donne lui-même la communion aux pauvres éclairés par la transparence de sa divinité. Et ce n'est pas cette lumière jaune, circulaire, artificielle, aux airs d'omelette, comme on en a vu trop souvent. C'est une vraie lumière. Déjà ce Christ excite l'envie qui bourdonne autour en essaim de mouches piquantes et malsaines. Que ces choses sont tristes!...

Comme opposition à son effet nocturne de 1897, M. VAYSON expose *l'Enfant prodigue,* faisant paître, sous le feu du soleil, ses porcs plantureux dans un paysage brûlant. D'une justesse d'expression frappante, cette œuvre émeut par sa puissance de coloration, l'énergie de son dessin, la valeur bien personnelle de son auteur.

Maintenant que Rosa Bonheur[1] n'est plus, notre

---

1. Marie Rosa Bonheur est morte en 1899.

premier peintre-femme est sans contredit Mme Demont-Breton.

Chevalier de la Légion d'honneur, elle reste
femme quand même et le grand sentiment de la
maternité enveloppe ses œuvres d'une noblesse
puissante. Fille et femme de peintres, élevée à l'é-
cole du grand art, spirituelle, fine, ardente au
travail, Mme Demont-Breton est un puits de science.
La première fois qu'un nom de femme sortait de
l'urne pour la médaille d'honneur, ce nom était le
sien, et si jamais les hommes laissent pénétrer la
gent féminine dans le sanctuaire de leur haute
cour, c'est à elle qu'ils permettront d'en forcer la
porte.

Une femme à l'Institut? Et pourquoi pas ? Rosa
Bonheur n'y eût-elle pas été, comme talent, au-
dessus de bien d'autres ?

Le besoin de s'élever, naturel aux âmes fortes,
est un devoir pour qui peut tenir en sa main la
destinée des faibles. La jeune artiste, avec son
franc sourire et son œil vif, a-t-elle conscience de
sa mission ? C'est à croire, car elle n'est pas sans
avoir cette pointe d'ambition qui fait de grandes
choses. Il est donc permis d'espérer que les 90,
membres du comité de la Société des Artistes
français voudront bien serrer un peu leurs rangs
pour faire une petite place à la digne fille du
membre de l'Institut de France.

Dans l'excavation d'un mur, la Vierge, vêtue de
blanc, est assise tenant sur ses genoux l'Enfant.

Joseph repose, étendu sur la terre, pendant que dans un fond matinal d'une infinie douceur, *l'Étoile du matin* se lève et jette sur la terre sa pâle lueur argentée. Mme Demont-Breton ajoute à son talent le plus grand attrait de la femme : la poésie mystique de la mère. Elle dispose ainsi de deux puissances et s'impose au cœur comme aux yeux.

Sainte, pure, ravissante, en bleu sous son voile blanc, la *Vierge en prière,* de Georges CLAUDE, est un vrai joyau.

M. ZWILLER, par un caprice d'homme de talent, s'est mis à peindre, et très bien, à la manière d'Henner. Il a même traité, afin qu'on n'en ignore, un sujet cher au virtuose du lumineux : *la Femme du lévite d'Éphraïm.*

Lygie, belle comme l'a rêvée son auteur, tient une palme verte et ouvre tous grands ses beaux yeux à côté d'une *Jeune fille arabe* superbe, du même maître. Au temps du second Empire M. LANDELLE était un peintre acclamé. Dames de la Cour et comédiennes ordinaires de l'Empereur s'inscrivaient pour avoir un portrait de lui. Sa vogue a passé comme l'Empire, mais ses œuvres sincères et irréprochables resteront dans les musées où n'auront fait que des apparitions certaines toiles trop vantées.

M. d'ENTRAYGUES fait prime avec ses sujets si bien trouvés et rendus avec une finesse inimitable. Au lieu d'épousseter le presbytère, comme il convient, les enfants de chœur apprennent au perroquet, à l'aide d'une flûte « *Au Clair de la lune* ». Le visage de chaque gamin est impayable, et il faut voir comme tout est « fait » dans ce tableau !

Le martyre de saint Étienne, mourant sous les pierres que lui lancent ses persécuteurs, nous dit que nous avons un bon peintre de plus, un gaillard qui chasse de race et ira loin : M. André HUMBERT.

La Vierge et l'Enfant Jésus, blancs et très divins, s'en reviennent de la fontaine, satisfaits d'être si bien compris par M. E. BENNER.

On ne dira plus que le grand Vollon conseille de trop près son gendre M. DECAMPS[1].

1. Antonin Vollon est mort en 1900,

Un coin de l'église Saint-Gervais révèle un véritable artiste de la trempe du maître disparu. A droite, le soleil enlumine un vitrail en traversant des verres mis en plomb. Aux premiers plans, des cierges brûlent. Un pan de velours rouge, jeté sur les tribunes, anime la note austère du temple sans fidèles et les prie-Dieu accrochent la lumière qui passe. L'architecture est comprise, rendue avec hardiesse et précision. Antoine Vollon peut encore revivre dans sa famille.

PORTRAIT

Les portraits sont de plus en plus envahissants. Il ne faut pas s'en plaindre quand on leur doit des toiles comme celles qui figurent au Salon de 1901.

L'exposition est présidée par *M. Loubet,* énergique, vigoureux et ferme sous les impérieuses couleurs de M. Bonnat. Les pinceaux du maître auront écrit l'histoire de la République, en fixant pour des siècles l'image de ceux qui furent ses chefs. Le caractère de chacun d'eux s'y retrouvera plus frappant peut-être que dans les biographies contemporaines.

On reconnaît de loin les œuvres de M. Hébert par leur transparence aux reflets d'émeraude, l'attrayante beauté qu'il sait donner, par la profondeur, aux regards de ses modèles. Voyez *M*^{lle} *d'Ag...,* et *M*^{lle} *M...,* dont les couleurs ont des légèretés d'atmosphère.

Il faut croire que M. Henner a des secrets magiques pour captiver par ses pinceaux. Non seulement les amateurs, le public, mais encore les peintres
en sont fous. « Il faut se mettre à genoux pour
regarder cela », nous disait M. Humbert, désignant
le *Portrait* de la jeune fille rousse, vêtue de noir,
s'enlevant en vigueur sur un large fond bleu clair.
Nous ne demandons pas mieux, car c'est une apparition vraiment divine du beau dans la simplicité : la splendeur de la nature mariée à la pureté des
cieux, vraie trouvaille.

Mme *O. R...*, que M. Bouguereau nous représente
en robe de satin blanc brodée de perles blanches
et de paillettes, est légèrement décolletée, juste
pour laisser voir comment le peintre s'entend à
attacher un cou. Assise, une fleur à la main, un
rang de perles dans les cheveux, elle nous regarde
en souriant. Son visage, animé d'une vie en même
temps terrestre et divine, a des transparences
d'âme pure. C'est un être à part. Sa fraîche carnation tient de celles des nymphes et des amours
qui demeurent dans les pinceaux de M. Bouguereau. Son regard rappelle un peu ceux des vierges
habituées de l'atelier. C'est une femme pourtant,
mais une femme ange, comme aurait dit Dumas.
Que *M*^me *O. R...*, ne s'en plaigne pas. Cela lui va
très bien et la rend irrésistiblement attrayante.

Les grands peintres ont horreur de la monotonie et savent, tout en restant dans les hauteurs de l'art, varier à l'infini la manière dont ils interprètent le beau. M. J. LEFEBVRE, dans son splendide portrait d'*Yvonne,* se montre à nous sous un jour onctueux et gracieux, avec des éclats de chair, des caresses de pinceau, qui viennent ajouter un charme de plus à la correction impeccable de son dessin et à l'exactitude de sa couleur.

Retour de l'Exposition universelle de 1900 aux Missions catholiques, *S. S. le Pape Léon XIII,* par M. BENJAMIN-CONSTANT, proclame une fois de plus le talent de son auteur.

Avant de mourir, la reine Victoria, se laissant portraiturer par le même maître, lui avait payé son tribut de lauriers. Mais ce n'était pas assez d'une reine, il en fallait deux. M. Benjamin-Constant, cette année, prête le côté noblesse et grâce de ses pinceaux à *Son Altesse Royale la princesse de Galles, sa Majesté Alexandra,* nouvelle reine d'Angleterre.

Un pape et une reine ! voilà ce que j'appelle une belle exposition ! Le meilleur de la chose, c'est que ces faveurs sont méritées. A tout seigneur de la peinture, tout honneur.

Ils sont bien partagés les portraiturés de M. Aimé
Morot, car ils vivent deux fois : dans la vie ordinaire et sur un tableau.

Deux heureuses gens ont obtenu cette année de
ce potentat du pinceau la faveur d'un portrait; car
on s'inscrit, l'on fait queue longtemps pour obtenir
ce grand honneur, et c'est justice. Voyez Mme *A.
C...*, jetant derrière elle sa sortie de bal pour venir
à nous; et *M. P. D...*, tranquillement assis en
attendant que les siècles se succèdent devant lui,
dans une admiration ininterrompue.

M. Gustave Gœtschy, très fier d'être peint par
M. Roybet, — il y a de quoi, — nous regarde, le
chapeau sur la tête, semblant dire : « C'est beau,
n'est-ce pas ? »

Nous trouvons dans un angle une belle petite
fille, en robe blanche, appuyée sur un X en bois
doré. C'est Mlle *Simonne L...*, bichonnée par
M. Comerre avec de fines dentelles, des bas à
jours sur ses jambes nues, de tout petits souliers,
et une très jolie figure. Elle se dresse toute fière
d'être si bien peinte.

M. Schommer montre un talent consciencieux et
savant, dans deux beaux portraits : celui de

M. S. de M..., largement conçu, plein de distinction et d'esprit ; et celui de *Mme Emma Eames*, belle à plaisir dans son vêtement d'étoffe rouge, souple, richement exécutée.

De M. Saintpierre, *Mlle T. T...*, debout, vêtue de blanc, un bouton de rose au corsage, les mains unies, est d'une rare distinction et d'une excessive beauté. Sur le fond Louis XVI, la chevelure brune de la belle jeune fille se dessine en vigueur. Teintes et demi-teintes bien fondues, chairs saisies dans la pâte, tout est savant et remarquable dans cette belle toile.

Un attrayant portrait de M. Gabriel Ferrier, *Mlle Viviane B. B...*, feutre Louis XIII et boucles blondes, nous sourit délicieusement avec la grâce et l'énergie que ce peintre trouve le secret d'unir dans ses œuvres.

M. Renard s'est offert, comme *Portrait,* un petit chef-d'œuvre de sa façon. S'il espérait nous faire une surprise, il s'est trompé. Nous savons ce dont il est capable. Comme ressemblance et facture, c'est inouï.

Voyez aussi l'attractive image de *Mlle C...*, en

costume empire modernisé, s'appuyant gracieusement sur un coussin. Elle est exquise.

M. Humbert, en plein succès, nous montre deux
jeunes filles, Mlles L..., sous les ombrages d'un jardin. L'une, assise, tient un livre fermé dont elle
semble méditer la lecture ; l'autre, le regard
rêveur, a des fleurs plein la main. Le léger fichu
n'empêche pas d'apercevoir le corsage serré à la
taille par un corselet noir ; les transparences des
tissus vaporeux, qui se superposent dans ses vêtements, sont si habilement faites qu'ils rivalisent avec
la perfection du visage et des mains. Le fond discret
laisse bien circuler l'air. Charmant !

Quant au *Lieutenant-colonel Marchand*, on l'a
vu déjà cet hiver à l'Union artistique. Ici, les applaudissements continuent pour lui et pour M. Humbert.

M. Barrias a mis beaucoup de science et de talent dans les portraits de *M. Th. V...* et de *M. Mar-
montel ;* on y retrouve toutes ses qualités d'excellent professeur.

M. Édouard Perrier, directeur du Muséum,

est bien posé, sans affectation. La bouche est aimable, l'œil intelligent et franc. C'est tout à fait réussi par M. GLAIZE.

Le portrait de *Roger*, ravissant bébé aux cheveux blonds lumineux dans sa grande collerette bleue, un coin du ciel, est un bijou de Mlle ROMANI. Il nous regarde bien d'aplomb, faisant scintiller les deux étoiles qu'il a dans les yeux.

De M. G. JACQUET, le portrait de *M. le comte de M...*, d'une facture tout aristocratique, forme, avec le chien fidèle qui se tient près de son maître, un tableau tout à fait « high-life ».

M. HERMANN-LÉON, prouvant qu'il n'est pas seulement excellent animalier, expose un portrait : *Maurice*, jeune homme élégant, ayant près de lui son chien « Tom ». Belle peinture, très soignée.

Madame Matou, la concierge de M. Henner, est là, postée par M. DÉCHENAUD. Elle nous regarde avec son bon sourire un peu fier. Songez donc, elle tire le cordon au grand homme : quel honneur ! Excellent portrait.

Mlle de N..., tout habillée de rose et tenant dans ses bras son petit chien, est d'une indescriptible légèreté de touche. Imaginez un ange ou un amour, comme il vous plaira, et vous aurez une idée de l'idéal bébé de M. Duffaud.

Mme G. Ch..., en noir, fleurs blanches au corsage, est un des meilleurs portraits de Mme Beaury-Saurel.

Mme Vallet-Bisson, d'une dextérité étonnante, vous enlève un portrait avec la souplesse de faire qui n'appartient qu'aux maîtres. *Miss Errington-Josse* n'est pas à plaindre d'être peinte par cette éminente artiste. Le petit chien, la large fourrure, tout, jusqu'aux souliers, est fait avec autant de soin que de hardiesse.

Mlle Guyon fait preuve d'un réel savoir dans le portrait du *Docteur Benoît, préparateur à l'École de médecine*. Cette artiste sérieuse s'occupe sans cesse de se perfectionner, et y réussit.

Mme F. D..., et *Mme E.-B. S...*, à qui M. Lauth a donné grand air, font tout particulièrement impression sur les peintres.

20.

Le portrait de *Mme la duchesse d'Uzès,* par Mme DELACROIX-GARNIER, est remarquable par la correction de dessin, la justesse de coloration.

Nous avons rencontré, chemin faisant, l'étude que M. VASSELON a faite de sa fille *Marthe,* printanière, délicate fantaisie qui reflète bien le modèle.

Le portrait de *M. le médecin inspecteur général Dujardin-Beaumetz,* brossé vigoureusement, indique un peintre sérieux dans M. BOISSELIER.

*
* *

L'année qui suit les Expositions universelles est, d'ordinaire, en art comme en industrie, éclipsée par le rayonnement qui s'est produit avant elle.

La production, après des efforts suprêmes, se repose, et la consommation s'apaise, faute de capitaux disponibles.

Mais, en 1901, la section de peinture se dérobe à cette fatalité, grâce à MM. Bouguereau et Henner, qui, malgré le désir manifesté par le Ministère de voir réduire à 1,500 le nombre des tableaux, en ont reçu 2,092 quand même.

Agir autrement eût été trop cruel envers des artistes de valeur, après les refus inexplicables qu'ils avaient essuyés déjà à l'Exposition universelle.

Pour résister d'un côté au ministre, égaré par l'éloquence de certains peintres envahisseurs, de l'autre à une partie du Comité qui ne cesse de tirer la couverture sur lui et ses élèves, argumentant qu'eux seuls peuvent avoir du talent, il fallait toute l'énergie et l'indépendance de ces deux maîtres, derniers représentants des courageux fondateurs de la Société des artistes français. Ils ont tenu à honneur de prouver qu'à la dernière Exposition les étrangers n'avaient pas vu tout ce que la France artiste de 1900 pouvait leur montrer de beau.

MM. Bouguereau et Henner ont à cœur la gloire de nos peintres qui est aussi la leur. Ils n'aiment pas seulement la renommée, les titres, les décorations et la fortune, ils aiment aussi la peinture. Ils se passionnent à suivre dans leur marche ascendante les obscurs travailleurs de l'art, à pénétrer leur pensée, à constater les phases diverses de leur talent. Ils souffrent, s'ils sont méconnus, applaudissent à leurs succès.

On accueillit donc cette fois tous les efforts nouveaux dignes de paraître au jour. Certes, dans le nombre des tableaux admis, il y en a de franchement mauvais; mais comme, par la loi des « considérant... », ceux-là sont toujours reçus, il eût fallu en sacrifier d'autres, et c'eût été les bons.

Voilà comment il se fait que le Salon de peinture de 1901 est tout particulièrement intéressant, attire la foule et fait de plus belles recettes que ses devanciers.

Ce Salon est remarquable. L'originalité, l'imagination s'y rencontrent à chaque pas et nous tiennent sous le charme.

L'inauguration du nouveau palais par le Salon du siècle qui commence est une confirmation de cette grande vérité : sacrifiez tout au devoir, soyez justes pour tous et le monde vous suivra. Pas un pays du monde ne pourrait produire les chefs-d'œuvre dont vient de s'enrichir notre grande École française pendant ces dix dernières années.

LISTE

DES PEINTRES CITÉS[1]

1. Les lettres H. C. indiquent les artistes *hors concours*; Méd. d'honn., *Médaille d'honneur*; Méd. 1re cl., *Médaille de première classe*; Méd. 2e cl., *Médaille de deuxième classe*; Méd. 3e cl., *Médaille de troisième classe*; Méd., *Médaille unique* créée par l'article 26 du règlement du 14 août 1863, et remplacée, depuis 1870, par des médailles de différentes classes; M. H., *Mention honorable*; G. C. ✿, *Grand-croix de la Légion d'honneur*; G. O. ✿, *Grand-officier de la Légion d'honneur*; C. ✿, *Commandeur de la Légion d'honneur*; O. ✿, *Officier de la Légion d'honneur*; ✿, *Chevalier de la Légion d'honneur*.

TABLE DES MATIÈRES

Imp. PAUL DUPONT, 4, rue du Bouloi. — Paris. 1er Arrt. 359.5.1902 (Cl.)